公務員のシゴトが楽しくなる48の話

山本雄司 著

ぎょうせい

はじめに

この本は、自治体の中で起こる様々な出来事をまとめたエッセイ集です。マスコミでは、どうしても公務員バッシングが目立ちがちですが、民間企業のビジネスパーソンと同じように、自治体職員にも日々、様々なことが起こっています。

一般の会社と同じように、困った上司や同僚のおかげで事業がうまく進まなかったり、クレーマーのような住民への対応などで心を病む職員がいたり、「長」のつくポストに昇進を嫌がるような現象も見られたりします。一読していただければ、一般にはなかなか見られない、自治体職員の本音がおわかりいただけると思います。公務員の方であれば、「ああ、そんなこと、ある、ある！」ときっと共感していただけるでしょうし、民間企業の方であっても、それほど企業社会と変わらないことがおわかりいただけるのではないでしょうか。もしかしたら、お叱りも受けるかもしれませんが……。

ここで取り上げた一つひとつのエッセイは、月刊「地方財務」（ぎょうせい）に連載した「地方公務員のつれづれ日誌」、「都政新報」（都政新報社）に連載した「役人はつらいよ」、「受験ジャーナル」（実務教育出版）連載の「公務員として働く、ということは？」を修正加筆したもの、または今回の単行本化にあたり追加したものとなっています。
全国で一所懸命に働く、地方公務員の方々に「クスッ」と笑ってもらえれば、幸いです。

平成二五年五月

山本雄司

目次

第1講 役所の人間模様

第2講　ああ、住民のみなさま!?

目　次

第3講 役所の年中行事

第4講　課長の席にすわってみると

第5講　自治体の社会学

イラスト　N・A

第1講 役所の人間模様

1 職場の中の怪獣たち

職場をいくつも経験すると、嫌でもいろいろな職員に出会う。人間だから好き嫌いはあるのは仕方ないが、好き嫌いというよりも、どうにもこうにも困った人々というのが存在する。「もうあいつとは二度と一緒に仕事はしたくない！」という強烈なものから、「悪い人じゃないんだけど、困るんだよねえ」という軽度のものまで……。

怪獣「ゴチャゴチャ」

まずは、怪獣「ゴチャゴチャ」。

異動でその怪獣の後任になると、悲惨な目に遭う。引継資料は整理されておらず、何が重要で何が不要なのかもわからない。ひどいときは「資料はこの中に入ってます」と、未整理の資料が詰め込まれたダンボールをそのまま渡される。そして、引き継ぎの説明はやたら長いのだが、「じゃあ、当面やらなければならない課題は○○と△△で……」と聞くと、「いやあ、それだけじゃなくて、□□と××もあって大変な仕事なんです！」と要領を得ない答え。机の回りも、頭の中も整理されておらず、後任は途方に暮れ、涙を流す。

同類の怪獣として「フクザツカメン」がいる。簡単なことも、わざわざ複雑にして、周囲の人を煙に巻くという特性を持つ。仕事を私物化しているにもかかわらず、「この案件は○○さんじゃなきゃ、わからないね」と自分を持ち上げてくれることに喜びを感じ、さらに物事を複雑にしていくという悪循環を繰り返す。自分で直接認めることは少ないが、残業好きという性質をあわせ持つ。なお、他人には理解しがたいような仕事の進め方をするので、自分だけで仕事を抱えこむ。このため、別名「カコイコミ」とも言われる。

新種！　怪獣「新・オレサマ」

次に、怪獣「オレサマ」。「フクザツカメン」と同様に、周囲から認められたいという欲求が人一倍強い。

昔の「旧・オレサマ」は、同じ職場に十何年も在籍している場合が多かった。「それだけいれば、その業務で知らないことはないだろ！」と周囲はツッコミたくなるのだが、人から仕事について聞かれると、本人はさも秘密兵器を出すように「これについては、〇年前に□□ということがあって……」と講釈を始める。だいたいにして、他の部署で引き取り手がないため、長期間在籍していることが多いのだが、本人は「自分がいなければこの仕事は回らない」と思っている困った人。

ちなみに、今の「新・オレサマ」は、若年層に生息している。時間を守れず会議などに遅れる（自分が来ないと会議は始まらないと思っている）、挨拶ができない（自分から挨拶をするのは格好悪いと思っている）、自分勝手な考えで仕事を進める、などの症状がある。新人の頃は普通だったのに、不況により職員採用が手控えられた時代に採用された「金の卵」で、きちんと先輩が指導しなかったために発生したとの説がある。

怪獣対策アレコレ

この他にも、いろいろなタイプが存在する。みなさんも、きっと様々な怪獣の顔が浮かんでいるはずだ。こんなときは、本当に仕事へのヤル気がなくなる。昔、自分も直属の係長がそんな怪獣の一種だったので、現在、そのような怪獣と格闘中のみなさまには心から声援をお送りする。

ただ、そんなことで自分を腐らせてはもったいない。自己防衛のために、打てる手を考えるしかない。上司に相談する、直接本人に言う、怪獣とのかかわりを極力減らす方法を考える、昇任試験を受けて異動する、などなど。繰り返すが、怪獣のために自分を押しつぶされることがないように、是非注意してください！

ちなみに、自分は怪獣との格闘中、パソコンの画面に「異動まで、あと○日！」と表示させてました（涙）。

2 係長今昔

係長行政……

今はあまり使われなくなったが、「係長行政」という言葉がある。これは、役所で中心になっているのは係長であって、施策は係長中心に行われている、という意味である。しかし、自分の周囲を見渡す限り、その言葉は既に現状から乖離している。

現在は、係長が課長をリードして、中心となって仕事を推進しているというよりは、日々の仕事に追われているという感が否めない。係長も、自分自身の仕事や係をまとめるだけで手一杯という感じである。

もちろん、自分が役所に入ったばかりのときと、課長となった今とでは立場が違うので、係長に対する見方が違うのは当然である。しかし、それを差し引いたとしても、係長が大きく変わってきたように感じる。

自分のことで恐縮だが、新人で役所に入ったときの係長は、今でも強く印象に残っている。福祉事務所のケースワーカーだった自分の係長は、福祉事務所経験が豊富な人だった。いわゆる昔ながらの係長で、朝来て新聞を読んだりして、細かい事務作業はあまりしていなかった（ように見えた）。しかし、困難なホームレスや、アルコール依存症などの生活保護受給者について相談すると、なぜか元気になる。「俺が気合をいれてやる！」などと言って、面接室で怒鳴ることもしばしばだった。係員が係長をなだめることもあった。一度、面接室で受給者と殴りあいになり、係長自身が殴られたこともあった。「あいつに殴られるとは、俺も衰えたな……」なんて言ってたっけ。

また、我々若い職員に「そろそろ結婚しろよ！」なんて、今ではセクハラとなってしまうような発言もズバズバ言っていた。一方で、自宅に招いて食事をご馳走してくれたり、連休になると一緒に旅行したりした。ただ、私生活にズカズカ入りこむというのではなく、上手に我々若い職員をまとめていた。

今から思うと、普段の仕事は部下任せだが、困難なときは自ら出て行って対処する。上司の課長にも、言うときははっきり言う。職人気質の親方のようだった。

同じ課内の他の係長にも、個性的な係長が多かった。私生活が派手だったり、「オレ、今日○○病院に出張してくるわ」と言って、そのまま行方不明になったり、組合活動でほとんど席に座っていない係長などなど。今では考えられないような係長が結構いた。

しかし、行財政改革や職員定数の適正化、団塊世代の大量退職で、役所の状況は一変した。職員構成は大きく変化して、係長がぐっと若返った。また、業務量も増え、職員一人当たりの負担も多くなっていた。係長も余裕がなくなっていった。

係長、ナウ。

もちろん、すべての係長が目の前の仕事に追われているだけではない。例えば、自分が他団体に派遣されたときの係長は、すべてがスマートだった。この方、既に枢要なポストの課長になられているが、とにかく仕事が、早く、鋭い！　上司からの信頼も厚い。それでいて、単にイエスマンではなく、自分の意見もきちんと言う。仕事がないときはさっさと帰る。なので、部下としては、とても気楽だった。そんな、係長も確かにいる。

そこで、改めて係長の今昔について考えてみる。昔、係長のステイタスとか権限、権力といったものが絶大だった。それは、業務量が少なかったということもあるかもしれない。ただ、係長は組織の要として、しっかり係をまとめ、非常に存在感があった。それ故、一般職員から見ても、係長ポストは一つの憧れだったようにも思う。

しかし現在は、仕事量も多くなってきている。また、人間関係もドライになってきていて、部下を束ねることも難しくなっている。係長自体が難しいポストになっている。

「昔の係長は良かった」などと、単に懐かしがっているのではない。問題は、このような状況下で、どのように役所の組織を維持・運営していくのか、ということだ。ある自治体では、係長試験を実施したものの、受験者数が合格予定人数を下回ったらしい。大変な時代になった。

3 新人の君へ

研修だって大事なんだ!

えっ? 俺の話が聞きたい? 何の話を聞きたいの? 「新人のためになりそうな、何かアドバイスをしてください」っだって? 君も真面目だね。

もう四月から数か月経って、ずいぶんいろんな研修を受けてきたろ。「研修は座りっぱなしで、眠くなっちゃう」だって。確かにね、俺も新人の頃は研修ばかりで、正直飽き飽きしてたよ。いきなし四月に役所に入って、やれ自治法だ、公務員法だ、って、急に言われてもな。その苦労はわかるよ。でも、俺も講師をずいぶんやったからわかるけど、講師だって準備やなんやかんやで、結構大変なんだぜ。君らは、眠いとか簡単に言うけど、準備する講師や、研修の段取りをしてくれる職員のことにも、思いを巡らしてくれよ。研修だって君らにとっては仕事なんだし。民間でも同じだけど、新人は給料分ほども稼いでいないのに、それでも給料を支払っているのは、未来への投資なんだからな。そのへんを、十分わきまえてくれよ。

まあ、今日は酒の席だから、ざっくばらんに話すよ。もう俺も少し酒が回っているから、そのつもりでな。何から話そうか。そうだ、こんな席だからちょうどいい。公務員倫理にしよう。えっ、真面目すぎるって？　馬鹿だなあ。酒の席で語るからこそ、公務員倫理の話は重要なんだ。研修で真面目な講師から、服務だ、守秘義務だって言われて、正面から反対する奴なんかいないだろ。それは、そういう真面目な場だからだ。問題は、こんな酒の席だったり、出張先だったりと、非日常のときなんだ。こんなときに一番間違いを起こしやすいんだよ。

まあ、俺も酒の席での失敗は、本当に多かったし、正直、今思い出しても頭を抱えて叫びたいようなこともある。うちの同期なんか、俺が偉そうに課長して公務員倫理について語っていることが本当に大笑いだって言ってるぐらいだ。まあ、それはまた今度話すよ。

逮捕、そして退職

昔、こんなことがあった。

奥さんも子どももいる人で、平和な家庭を築いていたよ。ただ、そいつは、飲むといつも昔つきあっていた女性の話をする癖があったんだ。まあ、男にはよくあることだよ。俺らも、そんな思い出話につきあっていたよ。

だけど、後からわかったんだが、奴は飲み会が終わって一人になると、その女性に執拗に電話をかけてたんだな。いたずら電話も含めて。結局、その女性が警察に被害届を出して、彼は逮捕されたんだけど、その後が大変だった。職場にマスコミが押しかけ、彼の座っていた椅子や机などが放映されたよ。奴の自宅の様子や両親の様子なども映ったし、住民からの非難の電話や問い合わせもあった。職場は混乱状態だよ。その後、奴は退職して、離婚したらしいよ。どうだい、酔った勢いでは済まないだろ。

あと、こんなこともあったっけな。

生活保護のケースワーカーが受給者に渡す保護費をごまかしてたんだ。俺もワーカーをやってたからわかるけど、住所不定や施設入所の人への受給とか、自身のタクシーでの移動とか、ワーカーは現金を使う機会があるんだよ。正直、ごまかそうと思えばできないことはない。そいつも、最初は少額だったらしい。少しずつ、抜いていったんだな。だけど、だんだんエスカレートしていって、結果的には、大金になってばれた。そして、クビだよ。

俺は思うんだ、彼らは結局損したんだって。ちょっとした誘惑に勝てずに、結局は仕事や家庭をなくしてしまった。俺ら役人はクビになる心配はないんだから、生涯賃金を考えたら大損だよ。だから、俺は言うんだよ。公務員倫理は損得で考えろって。

普通に仕事をしてれば人並みの生活ができるのに、それを少額のお金や誘惑のために捨ててしまうのかって。こんなふうに酔っ払っているときだからこそ、損得に訴えるのが一番いいんだ。わかりやすいだろう。

おっと、もうこんな時間かい。少ししゃべり過ぎたな。俺は先に帰るから、後はみんなで盛り上がってくれよ。そうだ、もう一言だけ。君はまだ結婚してないが、結婚したら奥さんを大事にしろよ。家庭が上手くいってないと、必ずどこかでストレスになって良い仕事はできないぞ。

じゃあ、お先！

4 職員の恋愛事情？

同期のおかげで、同期会中止……

とある企業の方（女性）に、「公務員は婚活でも人気なんですよ」と伺ったことがある。そのときは、「そうかあ？ そうなのか？」とやや不思議な気持ちだった。そして、あまりそういう目で役人を見たことがなかったので、少し新鮮な印象を受けた。ここでは、職員の恋愛事情について、少々記してみたい。

新人は、大卒直後なら二三歳前後。高卒や経験者採用と幅はあっても、結婚などの話が持ち上がっても、おかしくないお年頃である。自分の頃は……、と昔話をして恐縮だが、同期を見ても、入庁したときに結婚していた人はそれほどいなかった。だいたいが入ってから一〇年くらいの間に、結婚する人はしていった（残っている者も数多くいるが）。

そう言えば、うちらにも入庁直後に同期会なるものが結成されて、保育士さんも含め、結構和気あいあいなムードだった。でも、途中でピタリとなくなってしまった。その理由をしばらくしてから、親しい同期が優しく教えてくれた。「〇〇（同期の男子職員）が次から次へと保育士に手を出していったおかげで、ドロドロになっちゃって、もう同期会を開けるような状況じゃないんだ」と。「せっかくの場を何てことしてくれてんだ！」と若かりし当時は、怒りに震えていた（……そこまではいかないか）。ちなみに、その〇〇君は今でも元気に役所で働いている。

どこもそうだと思うが、同じ役所の職員同士で結婚したにもかかわらず、離婚してしまったなんてことがよくある。実はその後に、また別の職員と結婚、さらに、その後また別の職員と不倫、なんて昼ドラのような展開もあるらしい。正に泥沼である。

本当かどうかは定かでないけれど、人事には、結婚のみならず、職員同士のつきあった情報も記録されているとの噂もある。自分はどのように書かれているんだろうか。ちょっとだけ、見てみたい気がしている。

自区内処理の原則？

ところで、最近入庁した職員は、結構早い時期に結婚して、子どももいるように思う。あくまでも、自分の周囲だけの感触なのだが、役所に入る前から相手は決まっていて、入ってすぐに結婚、子どもという感じなのだ。何かのデータに基づいたものではないので、迂闊には言えないが、昨今の不況の影響なのか、兄弟が少ない中で育ってきたせいなのか、草食系と関係があるのか……よくわからない。

また、女性職員の場合、「絶対、役所の人間は嫌！　結婚は絶対民間の人とする！」という方にたまにお会いする。別にケチをつける気はなく、自由なのだが、こんな例があるので、ご参考までに。

自分の大学時代の友人（民間企業勤務）をある女性（職員）に紹介したところ、かなりの紆余曲折はあったものの、めでたく結婚となった。それはそれで良いのだが、やはり民間には「公務員は楽だ！」という意識が広く浸透しているらしく、結婚後、家事や育児をかなり押し付けてくるらしい。女性は、相当そんなことで不平を漏らしていたが、あくまで自分で選択したのだから仕方ない。まあ、公務員はこんなところでも戦っているんです。

ちなみに、東京の特別区（二三区）では、同じ区の職員同士が結婚することは、「自区内処理の原則」として特別区の重要な原則となっているらしい。決して、「迷惑負担公平の原則」ではないそうなので、お間違いなく。

＊最後のオチの意味がわからない方は、お手数ですがご自身でお調べください。

5
スーパー公務員列伝

役所で二〇年以上働いていると、様々な方にお会いする。もちろん、「この人はどうしようもないな」という困ったちゃんもいるのだが、「この人、すごい！」という先輩にも少なからず出会ってきた。そんな方々のお陰で、ずいぶん学ばさせていただいた。ここでは、そのような「すごい人たち」をご紹介しよう。

捨てる人

まずは、「捨てる人」Aさん。この方、とにかく余計なものは捨てて、身の回りを整理している。無駄な資料は持たない、机の上には余計なものは置かない、急がない案件は機が熟すまで放っておく、など筋が通っている。目に見えることもそうだが、思考も「捨てる」を徹底している。

このAさんに相談すると、とにかく結論が早い。「○○は××が原因だろ、だから△△が必要じゃないか」など、話す内容も論理的である。人を評するには失礼千万なのだが、簡潔明瞭・単純明快なのである。

例えば、このAさんが困難な状況に陥り、にっちもさっちもいかないようなことになると、「まあ、しょうがないよ。しばらく放っておくよ」と捨ててしまうのである。その捨て様はお見事である。見習いたいと思っても、小心者の私はまだまだ足元にも及ばない。

ちなみに、このAさん、「公務員は残業しないもんだ！」と言って、余程のことがない限り残業はせず、勤務時間内に仕事を完璧に仕上げてしまう。

段取りの人

次に、「段取りの人」Bさん。この方を形容すると、本当は「気配りの人」「根回しの人」「逆算の人」とも言えるのだが、まとめると「段取りの人」となる。例えば、ある会議で懸案事項があって、どうしても○日までに関係各課が合意して、一定の結論を出すというような状況がある。こうすると、このBさんは目が活き活きとし、活動し始めるのである。

「これはさあ、○○課長と△△課長がネックだよな～」なんて笑いながら独り言を言い、少し考えたかと思うと、「ちょっと行ってくるわ」と職場を飛び出していく。しばらくして戻ってくると、「両方の課長にOKしてもらったよ」なんて簡単に言い放つ。そして実際、会議当日は問題なく終わるのである。

仕事の仕方、人の根回しなど、とにかく段取りが良いのである。逆算、逆算なのである。傍目で見ていると、自分が今何をしなければならないかを明確にして、ムダな動きをしない。そして、ミッション（？）をクリアするために障害を一つひとつ除くのである。これまた見事である。

ちなみに、このBさんはロールプレイングのゲーム好きなのだが、妙に納得してしまう。

切り替えの人

最後に、「切り替えの人」Cさん。この方は、気分の切り替えが上手である。ある日、窓口でCさんの説明不足で住民が激怒したことがあった。そのクレームたるや、周囲にいる職員が後ずさりするほど、すさまじいものだった。本人も自分に落ち度があったから、平謝りだった。

どうにかこうにか対応が終わり、Cさんは席に戻った。さすがに落ち込んでいる様子だったが、しばらくすると「まあ、失敗は誰でもするよな」「まあ、今回は今回」と独り言。自分で「多面」解釈して、自分で自分を慰めるのである。周囲にいる者からすると、「それは、言い訳だろ！」とツッコミたくもなるのだが、ある意味自分を悪い状態に置かないための工夫と言えなくもない。このCさんは「起こったことは変えようがないけれど、その後にどうするかが大事なんだよ」と教えてくれた。これは、名言かもしれない。

ちなみに、先輩たちからは「お前は、本当に何を言われても、右から左に聞き流すよな～。精神的にタフなのか、アホなのか、わからんよ」とほめられて（？）いたが、案外メンタルタフネスの模範かもしれない。

スーパー公務員は、隠れたところに結構いる。

6 派閥と群れる人

社内抗争、権力闘争！

いわゆるサラリーマン小説を読んでいると、よく社内の派閥というものが登場する。副社長派と常務派の対立抗争、勝てば人事で優遇され、負ければ左遷……などのパターンだ。漫画「島耕作」や城山三郎の作品などにも生々しく描かれている。

しかし自分の周辺を見渡してみると、残念ながら（？）そうしたものを聞いたことがない。我が役所でもあるのかもしれないけれど、私自身はまったくそのような話を聞いたことがない。まあ、自分が知らないだけかもしれないが……。

では、自治体には全く派閥はないのかというと、どうもそうではないらしい。地方公務員本人が書いた著作をいろいろ読んでみると、例えばある都道府県などには、はっきりと派閥が存在して権力闘争のようなものがあるというし、市町村にも、あるところにはあるらしい。つまり、派閥抗争みたいなものは、どこにでもあると考えて間違いなさそうだ。

「なんで、派閥なんかつくるんだろう？」と呑気な自分は思ってしまうが、いくつか想像はできる。

一つは、自分に近い人間を集めた方が、仕事がしやすいということだ。卑近な例かもしれないが、自分の部下にしたい人間を考えた場合、いちいち説明しなければわからない人間よりも、以心伝心でわかりあえる職員の方が良い。ただ、これでは派閥とまではいかない。

考え方が近い、目標が同じ人間を集める。旧陸軍だと皇道派と統制派に分かれて争ったが、これは単に人間の好き嫌いでなく、何を目指しているかが結びつきの要因となる。そうなると運命共同体となる。勝てば官軍、負ければ賊軍といった状態になるのかもしれない。さらに、単に仕事だけでなく、飲み会やプライベートでも親交が深まれば、より人間的な結びつきが強くなる。

もう一つは、ある派閥を潰すための反対勢力のために、新たな派閥が形成されるということが考えられる。「〇〇に反対！」ということだけで形成される派閥なので、目的が達成されれば、解散してしまう場合もある。

いずれにしても、派閥が誕生すれば、権力闘争となり、いずれ勝ち負けが決することになろう。これは、過去の政治史を見ても理解できるし、止むを得ない現象だ。

群れる人は幸せな人？　考えない人？

何も生々しい派閥闘争のことを、ここで書きたいのではない。こうした人間模様があることを前提として、これをどのようにとらえたら良いのか、を少し考えてみたい。

ある本に、「たとえ派閥抗争に敗れようとも、自分が精一杯その活動に没頭できたのなら、幸せだと思って運命に殉じるしかない」といった文章があった。確かに、そういう一面もあるだろう。また、そこまで派閥のトップに惚れることができたのなら、そうした人間に出会えたこともまた、幸せと言えるかもしれない。

ただ、個人的にはそこまで殉じる気にはならない。自分が属している派閥のすべてが絶対正義だとは思えないし、相手方が完全に間違っているとも思えないからだ。そんな完全な組織など古今東西なかったから、自分自身はあまり組織というものを信用しない。

ちなみに、組織に殉じるということは、自分でモノを考えることを捨てることでもある。それは危険極まりない。考えることを捨ててしまえば、思考停止となり主体性がなくなる。判断を他人に委ねてしまえば、それはもう一人の確固たる人間とはならないのではないか、という心配もある。

理想を言えば、西郷隆盛の「人を相手にせず、天を相手にせよ。天を相手にして、己を尽くし人をとがめず、我が誠の足らざるを尋ぬべし」という態度が素晴らしいと思うし、中国の古典『中庸』にある「我は我が素を行う」（「得意のときも不遇のときも、自分が本来なすべきことを淡々と貫く」「立派な人物は、そのときそのときの境遇を自然体で受け入れ、それ以外を願わない」というような意）でありたいと思う。

派閥とまではいかなくても、アフターファイブはいつも同じメンバーで飲み屋へ。そして、毎度毎度の同じ話で盛り上がる。そんな群れている人、いますよね～。

7 自分なりに頑張ってます！

悩める若者

ここ数年、いろいろな職員から「課長にご相談があるのですが……」と言われ、話を聞く機会がある。ほとんどは、自分が職場の中で上手くいっていない、という内容だ。同僚や係長との人間関係や、仕事に関するものだ。

そんな中で、気になるフレーズがある。

「自分なりに頑張っているんですが、どうにも○○さんとは上手くいかないんです」「自分としては精一杯やってるつもりなんですが、△△係長とは合わないんです」といったものだ。

この「自分なりに頑張っているんです」「自分としては精一杯やっているんです」という言葉。確かに職員としては自分なりにやっていて、限界を感じるから、自分に相談に来るのだろう。その気持ちは理解できる。

しかし、残念ながら話を聞くと、独りよがりと言わざるを得ないケースもある（もちろん、そうでないケースも多いのだが）。

他の職員と十分なコミュニケーションを図れず、自分勝手に仕事を進めてしまう。それが原因で混乱を招いてしまったにもかかわらず、それに気付いていない。そうした行き違いが一回あると、ボタンの掛け違いが続き、相互に誤解が膨らんでいく。

一方は「自分としては一所懸命やっている」と言い続け、他方は「あいつは自分勝手だ」と言い始める。そして、もう解決が困難になるほど、問題が複雑化していまい、いずれかの職員の異動により一応の決着を見ることとなる。悲しいが、そんな経験もある。

個人的に思うのは、「自分なりに頑張っている」と主張する職員には、周囲の人がどう感じているのか、どう思うのか、と相手の気持ちを推し量る配慮が欠けているということ。また「自分は仕事ができる」という自意識過剰な人間ほど、そうした「自分なりに頑張っている」と主張をしやすいように感じる。

仕事はチームでするもの

幸か不幸か、我々役所の人間は、基本的にはチームで仕事を進めている。細かい作業を一人に任せるということはあるだろうが、基本的にはチームで仕事が進んでいく。組織の目標があって、構成員はそれぞれの役割を果たしながら、事業が進捗していっている。

それ故、嫌な人間とも一緒に顔を突き合わせて、ときにはお世辞を使い、ときにははらわたが煮えくりかえるのを抑えて、笑顔で対峙しなければならないときがある（きっと、皆さんにも思い当たるでしょう）。だから、「ああ、早く定年を迎えて、あんな奴から解放されたいなあ」と心底願うことが、年に二〜三回くらいはある（本当は、もっと多いかも）。

その反面、職場に限らず住民や関係機関などでも素晴らしい人に出会えて、ちょっとした感動をもらうことができたり、清々しい気分になることも、年に一回くらいはある（と思いたい）。自分自身のことで言えば、有り難いことに、役所に二〇年以上いてほんの二〜三年一緒の職場になっただけなのに、毎年欠かさずにお会いしている人も少なくない。ちなみに、この方々は他団体の方である。

本屋には、多くの人間関係の書籍が、文字どおり山のように積まれている。古今東西、人間関係の悩みは尽きることはなく、永遠のテーマである。当然のことながら、好きな人間だけで仕事はできないし、一生嫌な人間とつきあい続けなければならない、わけではない。ドライに言えば、すべて仕事のおつきあいなので、良い人と出会えればラッキーだと思い、嫌な人と出会っても、「これもお仕事のうちさ！」と自分を慰めているのが、現実である。

……と頭ではわかりつつ、今日もため息。

8
卒業という名の定年

昔、定年制はなかった

公務員は、誰しも必ず定年を迎える。人はそれを「卒業」と呼ぶ。そこには、定年という響きの持つ寂しさを打ち消そうとする意図と、まだこの先も頑張ってくださいという後輩からのちょっとした心遣いが隠されている。

四〇年前後、同じ組織に属し、それこそ様々な経験をしてきた職員にとって、この卒業を迎えるとき、どのような思いが去来するのであろうか。二〇年程度しか勤務していない自分にとっては、まだ思いつかない。それでも、毎年「卒業式」はやってくる。

ところで、地方公務員に定年制が導入されたのは昭和六〇年三月。それ以前には、定年がなかったために、七〇歳や八〇歳の現役公務員がいたという話を聞いたことがある。いったいどのような職場だったのか、今となってはなかなか想像しにくい。高齢者の相談窓口に、相談者より高齢の職員が「あんた、もっとしっかりしなさいよ～」なんて言っていたのだろうか。それはそれで、重みのある説得だ。

ちなみに、定年制の導入に伴い再雇用制度が、平成に入り再任用制度が導入された自治体が多い。

定年百景

この定年に関して考えさせられることもある。

第一に、定年退職後、ほとんどの職員は再任用職員として同じ組織に従事する。例えば、係長だった人は主任となり、再任用短時間勤務として勤務する場合が多い。課長からすると、昨日までベテラン係長だった先輩が、一主任となって自分の職場に来るというのは、少し不思議な感覚である。

以前、そのような立場になった先輩女性職員に、「嫌じゃないですか？　課長、いったい何やってんだ、と思うことありませんか？」と聞いたことがあった。しかし、その人曰く「全然、気にならないわよ。これまでよりも責任がぐっと減って、気楽になったし、同じような立場の人もたくさんいるんだから！」

保育園長経験者の元職員も、「子どもの命を預かっているという緊張感から解放されて、本当にほっとした。責任あるポストに戻りたいなんて、ちっとも思わない」と言っていた。なるほど、そういうものなのかもしれない。

第二に、そうは言っても、今後の人口減少社会を考えると、高齢職員の活用は避けて通れない。定年延長は、時代の要請になってきている。ちなみに、昭和六〇年に定年制が導入された理由は、①職員の新陳代謝、組織の活力を確保し、公務能率の増進を図ること、②高齢化社会に対応して、所定の年齢まで職員の勤務の継続を保障し、安心して公務に専念させること、だったらしい。しかし、本当に定年延長となったら、もはや労働力不足を直視せざるを得ないだろう。

人口減少社会とは、非常に大変な時代だなあと思う。少ない労働力で多くの高齢者を養っていかざるを得ない。だから、高齢者にも働いてもらわなければならない。日本社会を存続させるためには、移民の受入れをするべきだ、という議論もあるらしいが、この定年延長という一点を取っても、日本がどれだけ厳しい状況にあるのかが痛感させられる。ただ個人的には、こうした社会を生んだ理由について、同時代を生きてきた人間の一人として、検証する必要があるように思うのだが……。

第三に、冒頭にも書いたが、定年を迎えたとき、職員は何を思うのか、ということだ。これまで、いろいろな卒業を見てきた。定年退職時に役所に恨み節を残し、その後、まったく音信のない人。後輩が企画した「卒業式」で涙を流し、翌日何もなかったように再任用の仕事をしている人。管理職であれば、外郭団体の職員として採用されたり、再任用フルタイムで働く人。もちろん、まったく別の世界で活躍する人もいる。願わくは、自分がそのような立場になったとき、仕事や職員に感謝して卒業ができたらなあ、と思う。世話になった組織に、悪態をついたり、恨みを言わないようにしたい。

とは言っても、卒業までは一〇年以上もある。まだまだ目の前の仕事に追われている日々である。

9 先輩とのつきあい

新人の頃

最初の仕事は、生活保護のケースワーカーだった。生活保護受給者の方を訪問して状況を把握したり、生活保護を受けなくて済むように自立を促したりすることが主な仕事である。当時、自分を含め、係は全部で六人。係長の下に、係長クラスの主査が一名、その他は自分より数年前に入庁した先輩職員だった。

実際に仕事を始めるにあたり、課長や係長からの指導もあったが、やはり一番聞くのは年齢も近い先輩たちだった。そもそも自分が担当した地域は、前年度は先輩が担当していたし、年齢的にあまり変わらない先輩は有り難い存在だった。自分の担当する仕事だけでなく、役所のルールや慣習（？）などもご教授いただいた。

年齢も近く、みんな独身だったこともあり、よく飲みに行ったり、合コンをしたり、先輩の家に泊まったりもした。でも、単に仲が良いというだけではなく、仕事には厳しく、自分の役割はきちんと果たさないと怒られることもしばしば……。同じことを何度も質問して「三度も同じことを聞くな！ ちゃんとメモを取れ！」とお叱りをいただいたことも(汗)。

こうした先輩との関係は、今考えても本当に貴重だったと痛感している。このときの付き合いは今でも続いて、毎年必ず飲みに行き、数年前までは旅行にも行っていた。旅行先では、テレビゲームやマージャンなどに興じながら、お酒をたくさん飲んで、後は馬鹿話ばかりである。

深夜、「お前、イビキがうるさいぞ！」と優しい先輩は、泥酔した自分を押入れに押しこめるのである。押入れに隔離されなくなったのは、後年、扁桃腺の摘出手術をして、イビキをかかなくなってからだった(涙)。

年数を重ねて

みんな独身だった頃は、アフターファイブや休日なども遊んでいたが、年を経ると、だんだんと結婚や子育てなどなどで、なかなか全員が集まりにくくなる。旅行の日程を調整するのも大変になり、集まるのは年に何回かの飲み会だけになって、今に至っている。

昔は、馬鹿話に盛り上がっていたが、各自がそれなりの役職についていたりすると、話す内容も少しずつ変わってきている。頭髪が薄くなり、白くなっていったのと同様、会話も、病気のことだったり介護のことだったりと、なかなかシビアになっていく。昔はそんなことになるとは、思ってもいなかった。

「この飲み会の席に、亡くなった係長がいたら、何て言うだろう?」なんて、いつも勝手な想像をしながら、ビールを片手に、先輩たちの会話をにやにや聞いている。やはり気の置けないメンバーで飲むのは、格別に楽しい時間なのである。

職場がバラバラなために、いろいろな情報・ゴシップ(?)が披露されるが、「へえ、そんな人、いるんですか～」など、すっかり年齢を感じさせられることも少なくない。先輩たちも同様に「そんな奴、知らないなあ」と、浦島太郎状態になりながら、「昔は楽だったけど、今の子たちは、大変だよなあ」と、変に同情しているのはおかしい。

確かに、今から二〇年以上前は、職場の雰囲気も大らかだったし、行財政改革の前で職員数にも余裕があったように思う。当時は許されるようなことも、今の社会状況では問題となるようなことも少なくない。

いやはや、馬齢を重ねたものだ……。

10 後輩につなぐ

ラグビーのパス

ラグビーでは、前方にボールを投げてはいけない。自分より後ろにいる味方にパスを送り、相手陣地に入りトライをとるのがルールだ。眼前にいる敵がボールを奪おうとタックルしてくるが、それを上手にかわし、いざとなったら味方にボールをパスしてつないでいく。

このパスが重要だ。味方がとりやすく、かつ敵にとられないように注意する必要がある。パスが下手だと、受けるボールと敵のタックルが同時のタイミングとなり、味方を病院送りにする可能性がある。いわゆるホスピタルパスと呼ばれる。

毎年、母校の試合がテレビ放映されると、このパスについて思うことがある。パスを出すのが我々で、パスの受け手が未来を担う後輩職員だとすれば、本当にきちんとパスを出しているのか。ふと疑問に感じる。

「行政の継続性」という言葉がある。担当者が代わろうとも、行政は継続して行われるということだ。安易にこの言葉を使用するが、結構重要なことだと最近思うようになってきた。

人事異動になれば、担当者が代わる。これは、毎年の行事だ。そして、自分が担当している仕事を引き継ぐときに、ホスピタルパスを送っていないか、時々不安になる。後輩が十分に行動できるように、的確なパスを送っているのか自問自答してしまう。

シゴトのやりがいも

振り返ってみれば、今、自分がこうして曲がりなりにも仕事ができているのは、本当に多くの人のお蔭である。これは、偽らざる本音である。

入庁当時の係長には、仕事も教えてもらったが、私生活でも本当にお世話になった。さんざん飲み屋を連れまわされたり（?）、自宅に呼んでご馳走してもらったり、その他にもここでは書けないこと（!）がいろいろある。正に、この係長のお蔭で社会人のイロハがわかったような気がしている。

また、自分がヒラ職員だったときに、職場で一緒だったスタッフの課長（直属の上司ではない）にも、公私にわたりお世話になった。こちらのお方もさんざんいろいろな飲み屋を連れまわされたが（?）、出張先では「どんどんお金を使って、地方経済に貢献しなければダメだよ。出張代をケチって、お金を浮かせようなんて思っちゃいけない」と懇々と諭されたり、部下や仕事への熱い思いを、ずいぶん飲み屋で聞かしていただき、自分の浅薄さを思い知らされたものである。

「自分は、こんな熱い課長にはなれないなあ～」と痛感したが、この課長のお蔭で、管理職試験を受験しようという気になったし、仕事のやりがい、ということも教えていただいた。そして、有り難いことに、今でも互いの夫婦含めて年に何回か宴席を共にしている（あれ、すべて酒つながりか?）。

それ以外にも、影響を受けた方は多くいる。でも、ここでは、思い出に浸ることが目的ではない。こうした、諸先輩から受けた恩を、今度は自分たちが後輩へとつなぐ役目を負っているのにできていない、と強く反省する故である。

長い目で見れば、いずれ我々も役目・役人生活を終えて、誰かに引き継ぐことになる。我々も諸先輩からきちんとパスを送ってもらったおかげで、ボールを維持することができたのだから、このボールを次代にきちんとつなぐ必要がある。いずれ試合会場から去り、観客席から後輩へ応援を送ることとなるが、その際に後輩が試合をしやすいようにしてあげるのが礼儀というものだ。

そんなことを思いつつ、「あの人の仕事を引き継ぐと、いつも問題だらけだ！」なんて言われていたりして……。

第2講 ああ、住民のみなさま!?

1 住民はカミサマ……

住民もいろいろ

自治体では切っても切れない存在、それは住民である。都道府県では違うかもしれないが、区役所では住民は非常に身近な存在である。今までの職場で、どのような人と出会ってきたかを振り返ると、実に様々……。

福祉事務所――

生活保護のケースワーカーや生活相談員として、ホームレスも含め、生活が苦しい人と多く出会った。大半は真面目だが、一部は何とか役所をだまして生活保護を受給しようとか、亡くなった後に隠し預金が見つかるなどの出来事も。福祉はキレイごとではないし、住民をそのまま信用してはいけないということを知らされた。

保育課――

公立保育園の民営化を担当して、同世代の保護者から罵声を浴びさせられた。「あなたは、人として問題がある」とか「この、わからんちん！」とか……。吊し上げといったら言い過ぎかもしれないが、人を責めるとはこういうことなのかと身をもって経験した。保護者説明会はさながら糾弾大会のようだったが、保育サービスを受給する「権利者」からたくさんのお声を頂戴した。役所はサービスの「提供者」として、常に確実で完璧であることを求められた。

防災課――

各地域に自主防災組織があり、多くは町会長などがその長となっていた。地域の防災訓練などに行くと、「わざわざ役所からお出でいただいて……」と丁寧に応対していただいた。無縁社会と言われる昨今でも、やはり地縁はきちんと存在し、地域のまとめ役となってくれる。役所にとって、それがいかに重要な存在であるかということも身に沁みて感じた。ただ、どうしても高齢者が主で若者がいないという問題があるが。

議会事務局——

ある議員さんが、しつこくある区民から陳情を受けていた。「もう、そろそろ時間だから」と言って席を立とうとすると、「区民の声を無視するのか」と陳情者の声。それに対してその議員さんの一言。「あんただけが、区民じゃないんだよ！」

役所は住民のご用聞き？

ちょっと思い出してみただけでも、こんなにいろいろな住民の姿がある。当たり前のことだが、一言に「住民」と言っても、本当に多種多様だ。よく我々は、住民本位とか、区民起点などと簡単に言うが、これは、実はわかったようでよくわからない。

だから、ほんの少数の意見をことさら強調して、「これが住民の声だ！　住民の声を無視するな！」などと主張する人もいるし、数の論理で「過半数であれば、それが住民の声だ」という人もいる。だから、役人にとっての住民の定義は本当に難しい。

ただ、いくつもの職場を経験した今となっては、こんなふうに思う。

我々は役人である以上、住民を無視して施策を押し進めるなんてことはあり得ない。それでは、役所の独断専行になってしまう。かといって、住民の声ばかり気にし過ぎても、先に進めない。そもそも意見がたくさんあり過ぎて、どれを住民の声とするのかが決められない。それに、決して役所は住民のご用聞きではないはずだ（そうした一面も確かにあることも否めないが）。

結局のところ、我々役人は、行政という立場から、きちんと住民に説明し、理解を求めていくという姿勢が大事なのだと思う。住民も、行政も、民間企業も、ＮＰＯも、それぞれがまちづくりを進める主体の一つに過ぎない。だから、お互いがそれぞれの立場を尊重して、みんなで知恵を出し合ってまちづくりを進めていくしかないのではないか。

……そんなことを頭で考えていても、保育課時代の保護者説明会のことを思い出すと、今でも思わず叫んでしまう。

「ああ、住民のみなさま！」

2 実録！ 住民説明会

涙、涙の……

基礎自治体の職員が、避けて通れないことの一つに、住民説明会がある。もちろん部署によっては、そういう経験をしないまま定年を迎える職員もいるかもしれない。しかし、住民に最も近い行政として、この住民説明会は欠かすことができない。

自分の経験だけでも、総合計画、防災、保育園の民営化、通学区域の変更、工事説明会など、非常に様々である。その内容も、町会や自治会から「招かれて」実施する防災講話などは、とても好意的に受け入れていただける。しかし、どちらかというと、そういう機会は少なく、「説明させてください」とお願いして説明の場を設けさせてもらい、「招かざる者」として出席することの方が多いように思う。

特に、議会に陳情が出されたり、役所と地域との利害が相反するような案件の場合は、大変である。罵声、怒号、涙などが飛び交い、時間も長時間となる。ここでは、そんな様子をご紹介し、みなさんから同情の涙を頂戴したい（冗談です）。

「この、わからんちん！」

およそ「招かざる者」としての説明会は、説明会の場を持たせていただいたことへの感謝、説明会にご出席いただいたことへの感謝から始まる。そして資料に基づき、「役所側の論理」をなるべくわかりやく説明する。説明が始まると、住民のみなさま方のぴりぴりした様子に、平静を失うこともある。そして、思わず心の中で叫んでしまうことがある。

「ああ、視線が痛い！」

ひととおり説明を聞いていただけるのは、まだ良い方で、ひどいときには話の途中で、反対の声が上がる。「オレたちは、そんなふうには思わないぞ！」「それは、役所の勝手だ！」「住民無視だ！」などなど。それに呼応する声があると、場の「勢い」は一気にそちらに流れる。

そうなると、それを打ち消すことは困難となる。しばらくは、聞いている他なくなるが、聞きっぱなしでいると、「ちゃんと聞いているのか！　我々の質問にきちんと答えろ！」という声を頂戴する。

双方の妥協点があれば良いのだが、そうでないときは、最初の説明を繰り返すことになる。そうすると「それは、さっき聞いたぞ」「他のことが言えないのか！」とさらに場が熱くなる。仕方なく、同じ説明を繰り返すと、会場から声が上がる。

「この、わからんちん！」

あきらめが肝心？

このような住民説明会は、当然のことながら一回で終わることはなく、引き続き何回か実施されることが多い。一回目の決裂のために、その後は説明会の場も設置させてくれないということさえある。

その後の結果は様々である。議論が平行線のまま終わってしまうもの、互いに妥協点を見出して結論を出そうとするもの、大きく政治問題となってしまうものなどなど。どのくらいの時間を要するのかも、いろいろである。あらかじめ決められた回数で終了してしまうこともあれば、もつれにもつれて何年もかかって結論が出るということもある。

あまり経験のない若い職員の方は辟易とするかもしれないが、我々自治体職員は、この住民説明会からは残念ながら逃れられない。よく言われることだが、この対応による職員のストレスは測りしれない。自分のことで恐縮だが、ある難航した説明会に行く土曜日は憂鬱だったし、今でもその説明会会場の近くを通るときは何とも言えない気分になる。

しかし、メリットもある。このとき、一緒に頑張った仲間とは、今でも関係が続いている。また強い反対運動の中、お互いの妥協点に到達でき、最後に住民の方から労いの言葉をいただいたときの感動は今でも忘れられない。あの経験を乗り越えられたことは、自分としても一回り大きくなった気がした（勘違いかも……）。

「嫌だ、嫌だ」と思っていると、めぐり合ってしまうのが世の常。みなさんも遭遇してしまったら、あきらめて（？）頑張ってください。同志として、心から応援します！

3 人生に立ち会う

一枚の生活保護申請書

役所に入って、いろいろな部署を経験すると、様々な出来事に出会う。良いこともあれば、悪いこともある。「なんで、こんな目に遭わなければならないんだ！」と叫びたくなるようなこともあるし、涙が出そうなほど感動的なひとコマに遭遇することもある。

今でも、忘れられないことがある。最初の職場である福祉事務所での経験だ。ここでは、本当に様々なことがあった。

ケースワーカーだった自分のところに、相談係から保護申請書が回ってきたのは、五月頃だったように思う。五〇歳過ぎの単身男性。小さな工場で真面目に働いていたが、病気で就労できないとして、生活保護を申請してきたのだった。最初の面接の際、弟と共に一緒に来所した。

「本当にすいません。貯えもなくて……」としきりに恐縮する本人の話し方には、コツコツと働いてきた実直さが感じられた。そして、その人生を裏付けるかのように、出された預金通帳には、あまり多いとは言えない毎月の給与と、月々の定期的な引き落としが、長い年月にわたって印字されていた。普通は隠し預金などを疑う自分に、そんな必要も感じさせなかった。

「兄に援助したいんですが、うちには子どももいて難しいんです」と、弟も兄同様に面接室ですまなそうに話した。そして、弟も収入状況や家計の厳しさを申し訳なさそうに語った。

「ちょっと、役所の方に話すことあるから、外で待っててくれよ」と弟は兄を面接室から出すと、少し改まったような面持ちで言った。

「実は、兄は末期の癌なんです。もう手遅れと医者から言われていて、一年ももたないそうです。本人には言ってません。いろいろ悩んだんですが、今は元気そうなので、とても言えないんです。お恥ずかしいんですが、兄も私もほとんど預金がなくて、生活保護を申請させていただいたんです。どうか、よろしくお願いします」と思いつめたように一気に話した。当時、まだ二〇代半ばだった自分には、ただ、わかりました、と言う他なかった。

その後しばらくして、本人は近くの病院に入院した。様子を見に訪問すると、「そんなに悪くないんですけどね」と本人の言葉のとおり、とても末期癌患者には見えなかった。「良くなったら、保護を受けないように、ちゃんと働きますから」と話す姿に、とてもかける言葉はなかった。

言葉にならない

都心の大きな大学病院に転院したとの連絡があったのは、年も越え、かなり寒い時期になってからだった。病室に入ろうとすると、入念な消毒の上に、服の上にいろいろなものを着せられた。かなりな重装備でようやく入室が許された。

「〇〇さん、区役所の△△です。わかりますか？」とベッドの上に横たわる本人に声をかけた。意識は朦朧としており、以前と比べるとあきらかにやつれ、やせ細っていた。別人だった。「……ああ、△△さん。わざわざ来ていただいたんですか。すいません」。本当にか細い声だった。「ひどいんです。本当にひどいんです。この病院に来たら、こんなふうにされてしまって。前は、まだ良かったのに。本当にひどいんです……」と搾り出すように話し続けた。そして、自分がこの病院でどんなひどい目に遭っているのか、を延々と続けた。しばらくして病院を出たが、とても役所にまっすぐ帰る気力がなかったことを鮮明に今でも覚えている。

亡くなったのは、それからすぐだった。「本当にいろいろとお世話になり、ありがとうございました」。数日後、弟は福祉事務所の窓口で深々と頭を下げた。「本人に告知しなかったので、かなり精神的にもつらかったようですが、仕方なかったんです。こちらにも、ご迷惑をおかけしてすいません」と付け加えた。言葉につまった。

後年、同じ経験をした。父が癌となり、家族で告知しないこととしたので、長い間、厳しい状況が続いた。父は病院を責め、病室で暴れたことさえあった。当事者の家族はこんなに大変なのか、と痛感させられた。

あのときのワーカーの経験がなかったら、とても乗り越えられなかったと思っている。

4 住民起点は本当か？

「住民」は印籠？

役所と切っても切れない関係、それが住民である。当たり前だが、これまで様々な住民の方々とお会いしてきた。その住民が、ここでのテーマである。

よく自治体の総合計画や行政計画などで「住民を起点とした行政運営」だとか、昇任試験の答案などで「住民ニーズを十分に把握し、的確に対応する」などの文言がある。住民なくして自治体はありえないのだから、まあ、当然と言えば当然なのだが、実務に長く従事していると、この言葉がたまに引っかかる。

例えば、窓口などでトラブルが起こると、「我々住民のことを無視するのか！」などと激高する人がいる。現行制度では、どうやっても対応できないにもかかわらず、自分が納得できないと、住民であることを振りかざすタイプである。

昔、読んだ本の中で、日本人がこのような権利意識を振り回すようになったのは、理由があると説明されていた（多少の記憶違いがあるかもしれないが）。それは、戦後、企業が大きく発展し、消費が美徳とされるようになった。「古いモノを修理して使うよりも、新しいモノを買った方が得だ」という時代的な雰囲気が生まれた。それに伴い、消費者がクレームを出すことにより、より良い商品が登場するといった考えが生まれた。このため、企業はクレームを歓迎するようになり、人々が権利意識を振り回し始めたのだ、というのだ。

同時代を生きてきた人間の一人として、納得できる部分も確かにある。

クレームは役所に

また、こんなこともあった。

幼児施設に関する仕事をしていたときに、ある男児が女児のスカートをめくった。子どもなのだから、そんなことは日常茶飯事と思うのだが、これが非常に大きな問題となった。

今でも本当に不思議なのだが、スカートをめくるような管理体制にある施設に責任があるとし、女児の親が施設長に怒鳴り込んだ。その後、そのスカートをめくった男児のいる部屋に乗り込んで、子ども本人に激しい言葉を浴びせたのである。大の大人が、未就学児にである。そして、今度はそれに怒った男児の親が、管理体制がなってないとクレームを言い始めた。

不思議なことは、当事者同士で話し合うということをお互いしていないことである。話し合う対象は、施設であり、行政なのである。責任逃れをするつもりはないが、これは何かおかしくないだろうか。

当時は、まずは、スカートをめくった方とめくられた方で、十分にお話いただきたい、と痛切に願った（何か変な文章なんだけど）。

電話応対の奥義「は・ひ・ふ・へ・ほ」

さて、ここで書きたいことは、役人としての嘆きではない。「これって、何かおかしくないですか？」ということである。クレームが良しとされ、それを、「住民起点」だからと受ける役所。住民も「住民の声を無視するのか！」と言って、権利意識を振り回す。

ちなみに、今ではこうした住民対応は、役人に必要な能力の一つとなっている。これに対応できないがために、病気になってしまう職員は多い。また、教員の世界では、保護者対応ができずに辞めてしまう若手教員のことが、よくマスコミでも報道される。

ところで、長い役人生活で見つけた電話応対のテクニックがある。クレーマーや辛辣な役所批判で、長時間、電話から離れられないことがある。また、高齢者からの電話などで切るに切れないときがある。そんなときは、「は・ひ・ふ・へ・ほ」だ。

「これは○○だろ、だから××すべきなんだ！」には「はぁ～」。

話し相手を求めているような高齢者の「こんな大変なことがあるんですよ」に対しては「ひぃ～！」。

その他状況に応じて、「ふ～ん」「へぇ～」「ほぉ～」と使い分ける。

様々なシチュエーションに対応ができる。電話応対の奥義「は・ひ・ふ・へ・ほ」だ。

これを身につけたら、立派な役人かも？

5 窓口対応

住民対応の基本中の基本

一般の人にとって、役所と言われてすぐに思い浮かぶのは、市（区）役所などの窓口だと思う。住民票の写しや戸籍抄本などを取りに行った経験は、誰しも一度や二度はあるはずだ。しかし、それ以外では役所への用事はあまりないだろう。

自分自身の経験でも、それ以外に自治体の窓口に行ったのは、欠席した成人式の記念品の受け取りぐらいだ。

住民に最も近い役所の職員にとって、この窓口での対応は非常に大事になっている。窓口は住民対応の基本中の基本である。きっと窓口業務は大変だよなあ、と思っている方も少なくないはずだ。

もちろん、職員など役所側の不手際なケースも確かにある。

住民に対し無礼な言葉遣いをしたり、服装が乱れていたりする職員など、誰から見てもおかしいということは、今は少なくなってきた（と言っても、皆無ではないのだが）。

多いのは、職員の説明が不十分だったり、ちょっとした配慮や気遣いがないばかりに大きな問題になってしまうことによるものだ。相手の聞きたいことをきちんと把握しないで、通り一遍のことだけ答えてしまうと、「私はそうは言っていない！」「いや、こちらはちゃんと説明しました！」と意見が衝突し、感情的にもつれてしまう。新人職員が窓口でトラブルになっているなんてことも、残念ながらよく見かける光景だ。

民間企業でも同様だと思うが、お客のクレームは早いうちに見つけ、処理することが求められる。時間が経過すると、怒りも膨らみ、そもそもの問題ではなく、それ以外のこと、「口のきき方がなっていない」「目を見て説明していない」などで、問題が雪だるま式に大きくなっていくこととなる。

ちなみに、よく「お前じゃ、ダメだ。上の偉い人間を出せ！」なんてことも言われるが、最初から偉い人を出すのは最悪の対応だ。まずは担当者がじっくり対応し、それでもダメなら、係長、課長と順番に出ていくことが基本である。

警察のお世話にも

もちろん、無理難題を言ってくる住民もいる。

いつの世も（?）、公務員というのは批判対象として見られるもの。そうした勢いもあってか、かなりひどい言葉で罵られることもあるし、人格を傷つけるような、ひどい中傷があることも事実である。

しかし、当然のことながら「売り言葉に買い言葉」で、こちらがそんなひどい言葉を投げつけるなんてことはできないから、無理な要求には断り続けるしかないし、じっと耐えるしかないときもある。

例えば、自分が教育委員会にいたときのこと。基本的には、住所によって入学する学校は決まるのだが、ある保護者から、どうしても別の学校に行きたい、と訴えがあった。しかし、いじめがあるなどの特別な理由がなければ、そうした特例的な対応はできない。保護者の話も十分に聞いた上で、それはできません、と回答した。

が、それから保護者の態度は一変。怒鳴る、叫ぶ、罵る。しかも一日だけでなく連日お見えになることに……。同じフロアの他部署に、ご迷惑をかけることとなったのである。しかし、ここでこちらの態度が揺らいでは負けてしまう。説明がブレないよう、何度も同じ説明を繰り返し、お断りする日が続いたのである。しかし、結局は警察のお世話になるはめに……。窓口対応も大変である。

6 防災意識を高める

防災訓練

防災課の業務は、緊急時には庁内に設置される災害対策本部の中心的な役割を担うことであり、平常時には地域の防災訓練などの啓発や、行政無線や街頭消火器の管理など防災に関する幅広い業務を担うこととなる。ここでは、いくつかを記してみたい。

まずは、防災訓練。

訓練といっても、その内容は、非常に幅広い。消防や警察、自衛隊などと合同してまち全体で実施する大掛かりな訓練もあれば、町会など地域で行う防災訓練のお手伝い、また職員対象の訓練など、様々である。

例えば、町会単位などで実施される訓練では、防災意識を高めてもらうために講話をしたり、役所代表として挨拶や訓練の講評を行ったりする。人前で話す講話は非常に多かった。

自分が防災課に在籍していたのは、まだ東日本大震災以前だったので、住民の防災意識は今ほど高い状況ではなかった。そのため、防災の話というと、どうしても「お勉強」のように取られてしまいがちだった。

このため、阪神・淡路大震災の被災者の手記を紹介したり、実際の映像を見てもらったりして、現実感を持ってもらうように工夫した。ただ、「防災対策は重要ですから、みなさんきちんと準備しましょう」と言っても、なかなか心には響かないのが当時の状況だったように思う（今は違うかもしれないが……）。

少し余談になるけれど、防災は、自助・共助・公助の順で重要と言われる。まずは自分の身は自分で守る、次に近隣同士で助け合う、そして警察や消防など公の救助である。大震災などが発生すると、とてもではないが、公的機関がすべての人を助けることはできない。だから、自助が最も重要であり、住民の防災意識を高めることは、被害を減らすためには必須なのだ。

町会での訓練への参加者は、どうしても高齢者の方が多い。一生懸命に消火器訓練などをしている姿を見ていると、地域を支えるとはこういうことなのかなあと、痛感したことも一度や二度ではない。

火事現場

また、冬になると火事などが多くなるのだが、こうしたときにも防災課が現場に行くことがある。我が役所では、勤務時間外でも管理職が宿直や日直をしており、三六五日・二四時間、いつでも消防などからの連絡を受ける体制になっている。

これは消火活動のためではなく、火事によって焼き出されてしまい、寝る場所に困窮した人に対応したり、見舞品を支給したりするためである。例えば、自宅が燃えてしまったために、しばらく施設に入所したり、近くの町会会館などに身を寄せるということがある。そんなときに対応するのだ。

ある寒い冬の夜に呼び出されたことがある。高層マンションのかなり上の階で火事があり、住人が救急車で運ばれていた。消火活動が終わった後に部屋に入ったのだが、火事独特のにおいが部屋中に染み付いていた。

当然ながら室内は水浸し、下の階の住人もかなり影響を受けていた。深夜とはいえ、さっきまで消防車のサイレンが鳴り響き、赤色灯が周囲を照らしていたのだ。階下の住人も水浸しになった生活用品の整理で、とても寝られる状態ではなかった。本当に一つの火事で周囲に大きな影響があるんだなあと、感じたものだった。

実際に起こってほしくはないが、東日本大震災のような大災害があったときは、当然ながら防災課だけでなく全庁を挙げて対応することになる。職員も通常業務とは別に、避難所での事務に従事したりするわけで、こうしたときこそ、公務員としての真価が問われているように思う。

7 お手伝い

行事いろいろ

役所に在籍していると、単に自分の仕事だけでなく、様々なお手伝いに駆り出されることがある。国勢調査、選挙の投開票事務、災害時の避難所運営、住民まつりの手伝いなど、様々である。普段の業務とは異なるので、「へえ～、そんなこともあるのか」と純粋に思ったりもする。

例えば、国勢調査などは年々個人情報の壁が高くなり、本当に難しくなってきている。我々職員は、基本的には地域の調査員が集めてきたものをまとめるのだが、何度も回収のために足を運ぶ調査員の方には、本当に頭が下がる。個人情報を盾に、あまり協力的でない世帯もあり、「こんな仕事、割に合わない」と思う方がいても、何ら不思議ではない。

しかし、こうした住民の方にご協力をいただく様々な役所関連の事務については、「割に合わない」と思っている人が少なくないのではないか。例えば、選挙の立会人など、我が役所でも若い人を募集している。自分が担当している投票所でも従事してもらったことがあるが、二度続けて同じ若い人が従事したことはない。やはり、朝の六時半過ぎから夜の九時近くまで、投票所に従事するのは大変なのだ。

同様に、最近は民生委員や保護司などの人員不足に、各自治体でも頭を悩ませているようだ。また、学校のＰＴＡに至っては、入学式の日に保護者をそのまま一か所に集め、役員が決まるまで、帰宅させないと聞いたことがある。本当に大変だなあ、と思う。

まつり従事？

年に一回、我が役所でも盛大な住民まつりが開催される。これにも、ずいぶん駆り出され、例えば、自転車駐輪場の整理などにも従事した。

秋の気持ち良い天候の中、ずっと自転車駐輪場で住民の自転車の整理を行っているというのも、なかなか得難い経験だった。本当に言うことを聞かないお子様（！）たちや、「お仕事大変ですねえ」と労ってくれる方、自分の自転車もそっちのけで、「無料で○○をお配りしています」への看板にダッシュする方など、これまた住民も様々である。もちろん、こういうときにも公務員の悪口を言わないと気が済まない人も、必ずいらっしゃる。

また、自分の事業のPRのためにブースを出していると、結構様々な住民の方々に接する。こうしたときに、「アンケートに答えていただいた方には、粗品をプレゼント」とか、「○○ゲームにチャレンジして、△点以上なら景品をお渡しします」といったような事業を行うと、そこには行列ができる（プレゼントや景品の中身は、あまり関係ない）。

そこで、「あれ、この人さっきもいたよなあ〜」なんて経験は一度や二度でなく、プレゼントや景品がもらえるまで、何回もいらっしゃる方も、それなりにいる。こちらも、「あれ、さっき来ましたよね」なんてことは言わない（言えない）ので、そのまま時間と景品が過ぎていくこととなる。

こうした仕事自体は、特に難しいことはないのだが、こんなふうに同じ場所に立っていると、必ずと言っていいほど、夕方には迷子と出会う。親子で一緒に来ているんだから、そんなに迷子になることなんてないと思うのだが、これが結構多いのである。子どもが勝手に親から離れてしまうこともあるだろうが、親が子どもを忘れて、飛び回っていることも少なくない。こんな所にも、現代親子の一端が垣間見えるのである（まあ、そんな大げさなことではないけれど……）。

8 住民いろいろ

正月の電話

今でも鮮明に覚えていることがある。

入庁して二年目か三年目だったと思う。正月の夕方、まだ当時一人暮らしだった自宅の電話が鳴った。こんなときに誰だろうと思いつつ、電話に出ると、「こちらは役所の宿直です。今、○○病院から電話がありまして、生活保護を受給している△△さんが、今亡くなったと連絡がありました。担当のケースワーカーさんに伝えてほしい、との依頼がありましたので電話しました」との内容だった。

勤務時間中であれば、遺族を探したり、葬儀の準備をしたりするのだが、休日なので後日病院と調整しますので、そのことをこちらから病院に連絡します、と言って電話を切った。テレビでは、盛んに「新年、おめでとうございます」を連呼しているのに、一気に現実に引き戻された気になった。

ちなみに、亡くなった方は長期入院だったので、お会いすることもほとんどなく、名前を言われても、実は顔を思い出せなかった。ただ、正月気分と人が亡くなるとの、あまりの状況のギャップに茫然とするだけだった。

熱き手紙

こんなこともあった。

その方は、地域の様々な役職を担ってくれている方だった。確か六〇代後半だったと思うが、地域の会合などで顔を合わせることがしばしばあった。当時、自分は課長になりたての、四〇そこそこの若造だったにもかかわらず、非常に丁寧に対応してくれる人だった。

驚いたのは、地域の会合などでお会いすると、必ず後日はがきや手紙を頂戴するのである。その文面には、会合出席への御礼、今後も地域で頑張ること、自治体への感謝、今後も引き続きよろしくお願いしたいなど、こちらが恐縮してしまうような、懇切丁寧な文面が記載されているのである。

これには、本当に驚いてしまった。結局、この方とは一〇か月のおつきあいだったが、その間にいただいたはがきや手紙は八通にも上る。どれも熱い文章が書き連ねられており、今でも大事に宝物として保管している。

自治体職員の責務

我々職員が住民と接する機会は、部署にもよるが、結構多い。

窓口職場などは、日々住民と接しても、そのかかわりは深くはない。反面、ケースワーカーのように、人の人生を背負うような仕事もある。もちろん、どちらが良いとか悪いとかの話ではなく、それが自治体職員としての現実である。

ただ、実際問題として、人の人生を背負うというのは、ほんとにしんどい。あまりに、考えすぎてしまい、職員の方が参ってしまい、異動するなんていうことも少なくないのが現実だ。

また、格好つけるわけではないが、住民とのかかわりの中で、嫌なことも経験するし、さわやかな感動をもらったりすることも、また事実なのである。当然のことながら、ハードな住民折衝が続くと、「早く定年を迎えて、こんなことから解放されたい」と切実に思う一方、先のように熱き手紙をいただくと、「自治体職員をやって良かったなあ」なんて純粋に考えてしまうから、自分はなんていい加減なんだろうと思ってしまう。でも、おそらく全国の自治体職員も同じような気持ちなのではないだろうか、と勝手に想像している。

先日、とある報道で東日本大震災の影響で東北地方に応援に行った職員が、派遣先で自分の無力さを悲観して自殺したと聞いた。一向に復興が進まない住民の苛立ちに苦慮していたらしい。こんな不幸は二度と繰り返さないでほしい。

第3講 役所の年中行事

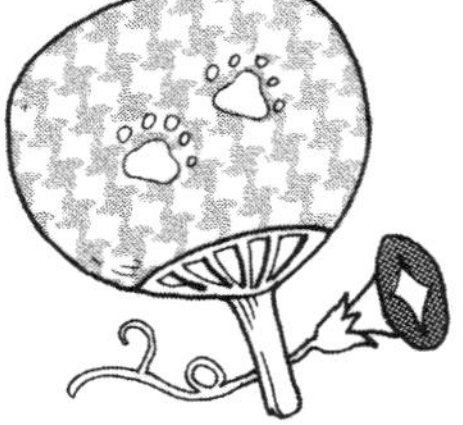

1 ああ！ 人事異動

人事異動に夢を持たない!?

人事異動は、我々役人にとっては大きな関心事の一つである。おそらく、三月下旬から四月上旬は、きっと人事異動の話題でもちきりではないだろうか。「ああ、あいつ、あそこに行ったんだ……」「なんであの使えない○○が△△課なんだよ！」なんて言葉が飛び交っているに違いない。

考えてみれば、昔は自分も人事異動に夢を持って、自己申告書を書いていた。我が役所には、「本当に行きたい部署を第一希望に書いてはいけない、第二希望に書くと異動できる」などという伝説もあった。でも、長い間役所にいると、そんなことは決してないことがわかる。よく「なんで、自分が○○課なんだ！」なんて怒っている人もいたが、人事担当は、正に「ひとごと」としてパズルを完成させているに過ぎない。人事が「この人は！」と思って異動させている人なんて、ほんの少数で、その他大勢は残ったところに当てはめられるだけだ。

だから、人事異動に一喜一憂するなんてバカバカしいと悟るようになった。泣こうが叫ぼうが、異動先が変わることはまずなく（でも、稀にあるから恐ろしい……）、行った先でいかに楽しく過ごすかを考える方が、クサるより精神衛生上ずっと良い。

人事異動に過度な期待は禁物だ。投げやりということではないが、人事異動には夢を持たないことだ。

昨今の異動事情

ところで、自分のことで恐縮だが、これまで多くの部署を経験してきた。我が役所では、一般職員で四年、管理職であれば二～三年で異動するのが、一般的である。自分も今の職場は一〇か所目である。

勤務年数二〇年ちょっとで一〇か所の職場なので、平均して一つの職場は二年ちょっとである。私の場合、最短で七・五か月、二番目は一〇か月で異動ということがあった。

一応、家族の名誉（？）のためにも弁明しておくが、決して不祥事を起こしたわけでなく、もちろん優秀だから引き抜かれたわけでもない。最短の異動は、前任者が年度途中で体調不良に陥ったために、突然の穴埋めであった。最近の異動にはこうしたケースが目立つ。

ここで言いたいのは、自治体の現場は、それほどまでに職員に余裕がなくなっているということだ。昔は余裕があった。仕事にしても、職員数にしても、その他もろもろの部分においても、である。しかし、この二〇年で行財政改革、職員適正化が進行し、確実に一人当たりの業務量が増えている。また、その影響のせいか、昇任試験を受ける人も減り続けている。責任を取るポストには行きたくないということなのか。悪しきスパイラルになっているようにも思える。だからと言って、すぐ「職員数を増やせ」と主張するのも何か違う気がするのだが。

ところで、四月には多くの新人も入庁する。その度に、次の文章が思い出される。

「新入社員を迎えるたびに、しゃんとしなければならないのは、古参社員の方である。

新入者の初心を前に粛然と姿勢を正すべきである。新入社員教育は、新入社員の入社ごとに古参社員が受けるべきである」（城山三郎『猛烈社員を排す』）。

ところで、一年未満で異動することなど絶対ないと思っていて、年度末に名刺の印刷を注文したら、その後異動になったことがあった。人事課長に名刺代を請求しようと、真剣に考えた（涙）。

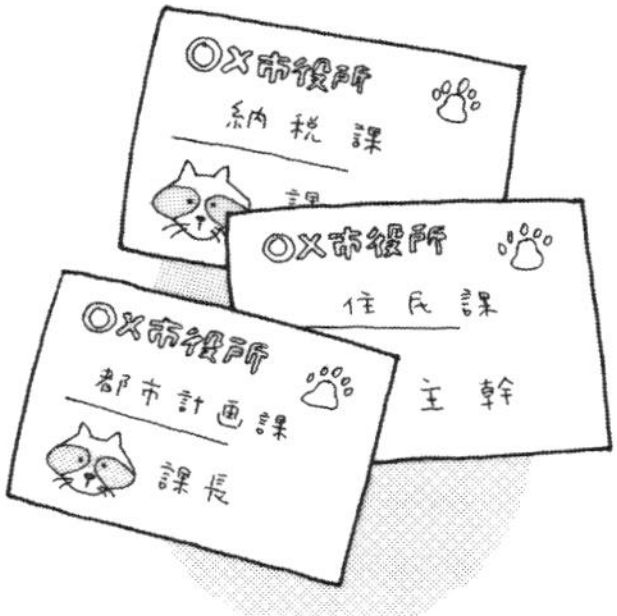

2
役人の五月病？

職場になじめないワカモノ

人事異動が終わると、四月は係や課などの歓送迎会が立て続けに開かれる。ようやく終わったかなあ、と思う頃には五月になっている。そして、ゴールデンウイークを過ぎると、ようやく少し落ち着いてくる。

しかし、この時期特有の気になることがある。それは、異動で新しく来た職員が、職場になじんでいない姿をたまに見かけることだ。やはり若い職員に多い。普通は、数か月もすれば新しい職場の水に慣れるのだが、なかなかそうでない者もいる。その理由を探ってみると、いくつかある。

ケース1：勘違い君

不本意な異動のために、「自分は、本当はこんな仕事をやる人間ではない」「本当の自分の実力はこんなもんじゃない」などと考え、やたら自分を特別視したがる職員。内部管理部門から、事業課や出先職場へ行った場合などに見られる。だいたい、その職場に異動したということは、その職員の評価の反映なのに。

しかし、その現実をなかなか受け入れることができず、「本当の自分は違う！」と言って、現実を直視しない。「現実を直視できないからこそ、お前はそういう職場に行くのだ！」と本当はツッこんでやりたいのだが……。言ってもムダである。しかし、月日が経てば、いずれ勘違い君は現実を受け入れざるを得なくなるから、あまり心配する必要もない。

ケース2：理想と現実のギャップに悩み、戸惑い……

こちらは、もう少し深刻である。新人職員だったり、希望どおりの職場に異動した職員だったりの場合で、あまりにその職場に夢や希望を持ちすぎて、現実とのギャップに悩む事例である。

例えば、住民とのかかわりを求めて役所に入ったのに、全く住民とかかわらない部署に配属になったりする。せっかく住民と接することを目的に自治体に就職したのに、まったく触れ合えないので、「自分は、何でこんなことをしているんだろう?」などと考え込んでしまうのである。年数を経て、いくつかの職場を経験していくと、「こんな職場もあるんだなあ」と思えるのだが、経験が少ないだけにこたえてしまうことがある。

また、希望どおり福祉の職場に配属になったものの、あまりに現場のドロドロとした現実にパニックになってしまうような例もある。自分の描いたものと大きく違うために、戸惑ってしまうのだ。

職員を育てる

さて、最近見られる若手職員の様子をご紹介したが、それは「だから、最近の若者はダメだ」などと偉そうなことを言うためではない。正直、最近の若い職員について少し心配な点があるからである。

実は、我が役所で数年前に「新人を大事に育てるように」というお達しが流れたことがあった。どういうことが発端で、そういうお達しが出されることになったのか、その理由は今でも不明だが、ようは「あまり新人に厳しいことを言わないで、やさしく指導しなさい」というのが趣旨だった。「厳しいことを言うと、今の新人はすぐ辞めてしまうからだ！」とその当時噂されたが、本当なら由々しき事態である。

確かに、最近の若者は真面目過ぎて、少し線が細いのかなあ、と思うところもある。いい意味での「いい加減」がなく、心に余裕がない感じを受ける。悪く言えば、自分視点で、現実に自分を合わせる「遊び」がない。だから、これからの長い役所人生を歩んでいけるのか、心配にもなる。

一方、課長という立場からすれば憂慮すべき点がある。それは、やはりそうした職員をきちんと育てなければならないということだ。職員を一社会人として、一公務員として育てる責任がある。上の者が指導を怠ると、人が育たず、いずれ組織が成り立たなくなる。自分視点だけでなく、目の前の現実に対応できる柔軟性が必要なことも伝えていかなければならない。

だから、最近は自分も若い職員のちょっとした言動や態度におどおどして、敏感になってしまい、こちらも心に余裕をなくしている（汗）。

さて、皆さんの職場には、気になる若手職員はいませんか？

3 テンヤワンヤの行政視察

日常からの脱出？

お役所の行事（？）として、行政視察がある。他の自治体や施設などを訪問し、今後の行政の参考にしようとするものである。ユニークな施策を実施していたり、同じような課題を抱えている自治体を訪問してお話を伺ったりする。

昔は、我が役所でも係長級になると、何年かに一回出張旅費が与えられ、自分で企画して視察に行っていたらしいが、現在は、出張を自分で企画し、それが認められた場合に行けるシステムになっている。

私自身この制度を利用し、いろいろな自治体を視察させていただいたが、とても参考になる。自分の役所だけでは思いつかないような内容や、「へえー、そんなことがあるんですか」というようなトリビアを聞けたりできる。出張後の報告書の提出など、面倒なことはあるが、通常業務から離れて出張に行けるのは、なかなか有り難い制度である。

地震体験車で振ってあげる！

当然のことながら、行政視察は行くだけでなく、受け入れもある。経験的には、自治体職員よりも議員の受入回数の方が圧倒的に多いように思う。それは、自治体職員の旅費の縮減や、政務活動費の関係があるのかはわからないが、議員が議会事務局の職員などを伴って来ることがほとんどだ。

誤解のないようにあえて記すが、ほとんどの方は、真面目に視察にいらしており、熱心に質問される。しかし、時折そうでない方もいる。今でも記憶に残っているのは、ある地方都市の議員の方々がお見えになったときのことである。

そのときは防災課に勤務しており、その数年前に完成した防災センターへの視察が目的であった。この頃は、センターの視察が非常に多かったため、説明をパターン化していた。

まず、ケーブルテレビで放映された施設完成の番組を見ていただき、その後に口頭で資料説明、最後にセンター内を見学していただくという流れだ。

異変は、視察当初から感じられた。視察最終日ということもあってか、前日にかなりお飲みになったようで、「あま〜い」香りが会議室を包んでいた。人数は一〇人程度だったと思うが、それでも感じとることができた。

ビデオ放映・資料説明の際も、途中でトイレに席を立つ方が多く、こちらが途中で「大丈夫かなあ」と思うほどだった。まあ、どうにかこうにか説明も終わり、「では、施設内をご案内します」といろいろセンター内を見学したが、移動途中のエレベータ内も「あま〜い」香りは続いていた。

視察の最後に地震体験車（起震車）の体験がある。議員の方々からは「もう、これで十分です……」という無言の訴えを感じとることができたが、防災服を着て着々と準備している我が課の職員の姿には、そう発言させない無言の圧力があった。こちらも、この視察のためにいろいろ準備したこともあって、少し意地悪になり、「先生方、折角ですから是非体験してください！」と目を輝かせてご案内させていただいた。

その結果、先生方の多くが涙目になり、体験後にトイレに駆け込んで行ったのは、言うまでもない（合掌）。

一服の清涼剤

行政視察の目的は、日中だけではない。郷土料理や地酒などを楽しみ、一緒に行ったメンバーで普段できないことを語れることも貴重な体験である。帰りを気にしなくて良いのだから、一緒に出張に行くと、プライベートなども含め、いろいろなことを聞くことができる。普段の仕事のことや、様々な人間関係など、「実は……」と話が出てきて、なかなか面白い。一気に距離を近づけることができる。ただし、ここで飲みすぎると、先のようなことになってしまう（涙）。

何はともあれ、行政視察は一服の清涼剤である。

4 一大イベント、選挙事務

一気呵成の投票所設営

自治体職員の避けられない事務の一つに、選挙事務がある。そのやり方は各自治体によって異なるので、これから記述することは、あくまで私の属する自治体の話ということで、ご理解いただきたい。

この選挙事務、なかなかの（？）イベントなのである。

選挙管理委員会事務局はもちろんのこと、特定の部署は専門の事務を行うが、それ以外の職員の役割分担は、大きく投票事務と開票事務に分かれる。投票事務は、投票所の設営から、投票日当日、そして投票所の片付けまでを担う。開票事務は、文字どおり開票所での事務を行う。もちろんのことながら、投・開票両方の事務に従事する者も少なからずいる。

投票所の設営は、なかなかの重労働である。学校の体育館が会場となることが多いが、有権者が土足のまま投票できるように、シートを貼る。入り口から、記載台、立会人の座席、出口など、体育館の大部分がシートに覆われることとなる。このときに注意しないと、必要な部分に敷くシートがなくなってしまう。

そして、長テーブルの配置。投票が一回なら簡単だが、選挙区・比例・最高裁など三つが重なると、来た人が迷わないように長テーブルで上手に通路を作らなくてはならない。長テーブルの下には、選挙事務従事者の足が見えないように、シートを机に貼ったりする。その他、投票所設営には各種掲示物の設置やライトの準備などもある。

ちなみに、こんなときにも普段の職員の仕事ぶりが反映される。例えば、設営全体を見ずに自分で仕事を囲い込み、「我関せず」を装う人。「細かいことかもしれないけれど、それはこうした方が良いんじゃないの……」と変なところにこだわる職員。人に指示されないと動かない職員、などなど。

普段は自分の所属の部下ではないが、こうしたときにもいかに効率的に作業をしてもらうかも、大事なポイントだ。上手く全体を仕切ってくれる係長がいるときは、口を出さずとも作業を進めてくれるが、そうでないときは、「〇〇君、そこにビニール敷いて!」「△△さん、□□さんの手伝いをして!」など、こちらの方で指示してしまう。

これら作業は、投票事務に従事する職員一〇人程度で行うが、それでも二時間は要する。すべてが終わったときは、汗びっしょり。その後に飲むビールの、なんとおいしいこと!

なが~い、なが~い一日

さて、投票日当日。投票事務に従事する者は、六時三〇分に集合となる。投票立会人となる地域の方々も、ほぼ同時刻に集合となる。全員集合し挨拶が終わると、早々に七時の投票開始に備えることとなる。

投票する方も本当に様々である。七時前には投票所に並んで「空虚確認」(投票箱の中身が空になっていることを確認すること)することを、楽しみ(?)にしている人。「今、報道では〇〇が優勢となっているが、それを踏まえて私は投票するのだ!」とわざわざ小声で職員に伝える人。必ず投票所で選挙公報を請求し、じっくり考え込む人、などなど。長時間、投票事務に従事しているとなかなかの人間観察となる。

そして、夜八時に投票終了となる。投票の集計などをやりながら、投票所の解体も行う。即日開票であれば、開票所に投票箱を送致しなければならないので、設営時よりもスピードは速い。皆、長時間の業務に飽き飽きしているのか、作業も速い！（やれば、できるじゃないの……涙）

しかし、投票時間が朝の七時から夜の八時までというのは長い。現在では、期日前投票もかなり充実していることを考えると、投票日当日にここまで長時間の設定をする必要があるのか、疑問に思う。投票の終了時刻を切り上げて、早めに開票作業に着手した方が、立候補している人にとっても良いと思うのですが、皆さんどうでしょう？

5 ハケンの世界

始まりは甘い言葉

人事異動の一つに、「派遣」がある。外郭団体や他区、都へ、昔は大学院などというのもあった。自分も、特別地方公共団体へ三年間、自治法派遣された。このときの経験をもとに派遣にまつわるエピソードを少々。「今はそうじゃないよ」「うちは違うぞ」などのご意見はあるかもしれないが、それはご容赦を。

まず、派遣の打診は、他の異動とはやや異なり、少し早めに行われる。派遣先との関係があるから、ということもあるかもしれない。しかし、派遣はヒラであれば基本的に本人の同意を得てからなされるようで、断られると次の人を探さなければならない。だから、早くから獲得運動が展開される。「良い経験だから」「君は区の代表としてふさわしいと考えている」などの甘い言葉が概ね付加される。それを全部嘘とは思いたくないが、真正直に受け入れると後で馬鹿を見る。

ちなみに、この打診のことを思い出すと、なぜか小林克也のアルバムにあったフレーズが浮かんでくる。それはニワトリに向かって、こう言うのだ。「ケンタッキーは良いところだ！　行ってみないか！」

さて、実際に行ってみると、様々な文化の違いに遭遇する。他の自治体だから当たり前と言えば当たり前なのだが、これが結構手間。文書の起案方法やパソコンの使い方、休日出勤の手続、旅費の支給方法、事務服、福利厚生など。慣れてしまえば何てことはないのだが、最初は戸惑うことが多い。そう言えば、勘違いして自区の防災服を持ってきた人もいたっけ。ここでは、区では当たり前に行う防災訓練はなかったのだ。

ハケン知る、我が役所

しばらくすると、いくつかのことに気づかされる。

まずは、自分の区の人間とは疎遠になっていくので、本当の友達が誰か、そこで初めて気がつくこと。派遣されると、余程親しくないとこちらも連絡しないし、相手からも連絡がなくなる。だから、自然と友達関係が淘汰されるのだ。

「定期的に飲もうね」なんて口では言いながら、全然連絡もないという、大人のおつきあいの意味を学習するようになる。逆に、派遣時代も続く関係は本当のおつきあいになってくる。

また、派遣先ではいろいろな区の人間が集まっているので、結構「えー。○○区ではそうなの!?」っていうことがある。例えば、今はもう違うと思うが、主任試験は一発でほとんど合格する区と、三回目くらいが当然のところなど。福利厚生なども結構違っていて、区によって事情がずいぶん違うことを知らされる。

さらに経つと、自分の本当の役割を認識させられる。

それは、自分の区からの電話（本当の友達を除く）は、そのほとんどは「○○って、どうなってんの？　ちょっと調べてくんない」とか「△△って、そっちではどういう落とし所で考えてるの？」など、自治法二八四条に定められる団体の性格から、調査機関、スパイ（？）的な役割を担わされるのだ。派遣終了後の人事権を持っている人の依頼に、こちらも「できません」「知りません」なんて言えないから、直属の係長・課長がいるにもかかわらず、不審な行動を取る。まあ、本当に利用されましたね、あの頃は。別に恨みには思ってはいませんけど。

ちなみに、おいしいこともある。この派遣期間中に結婚や子どもが生まれると、派遣元と派遣先の両方からお祝い金をもらえること。年齢の関係もあったけれど、確かにこの頃そういう人が多かったように思う。もちろん、自分もそうでした（汗）。そして、やはり派遣のメリットは派遣先での人間関係が、自分の区に戻っても貴重な財産になること。たまに飲んで昔話に花を咲かせるだけでなく、なかなか聞けない他区の本音を聞けたりするので、自分の仕事に役立つことも多いのだ。

最後に、派遣元の区担当者に一言。区によっては、明らかに問題ある職員（困ったちゃん）を派遣してくることがある。ただでさえ、職員が多くの区から集まって組織としてモラールを維持しにくいにもかかわらず、自分の区で持て余しているからといって、安易に派遣するなと声を大にして言いたい。特に、〇〇区！（個人的恨みですいません）

6 新人のための職場案内

企画課——

❍その名称からイベント会社から様々な資料が送られてくるが、ほとんど企画とは無縁な部署

❍すぐに全庁的な調査をする癖がある

❍各事業課の言い分を、計画という名のもとに「調整」する課

財政課——

❍残業することを厭わない人たちが集まる

❍家計が豊かなときは「使え」と言い、ないときは「使うな」と言う計画部門と事業部門を困らせる部署

❍管理職になりたい職員の登竜門

広報課――――
❍マスコミと仲良くなるも、マスコミに泣かされる人たちの集まり
❍職員の中では人気がある職場だが、広聴部門に配属されて泣く人もいる
❍電話で「は～」「ひ～」「ふ～」「へ～」「ほ～」と絶妙な相槌ができるプロ集団

情報システム課――――
❍普通の事務職員がなぜかＳＥのように演じてしまう不思議な職場
❍単純な表計算ソフトなどの操作方法を聞かれて困っている人たちが多い
❍「システムの不具合」という魔法で、全職員の動作をフリーズさせることができる魔術師軍団

総務課――――
❍本来は「何でも屋」であるにもかかわらず、何かと理由をつけて他の部署に仕事を押し付ける困った職場
❍議会対策、庁内のホームレス対策に活躍することが多い

人事課――――
❍外からはとても権威があるように見えるが、実質的には上層部や職員団体などの利害

関係者を調整する能力が求められる職場

❍異動希望調書を見ながら、「こいつ、勝手なこと言いやがって」と思っている、はず

❍未だに研修が職員の能力開発につながらないのは、なぜ?

経理課――

❍公務員倫理研修が実際に一番必要とされる職場

❍年度の切替時期に庁内を歩くことによって、組織改正があることを教えてくれる人たち

防災課――

❍防災服という特定のコスチュームで職員の品評会にさらされる人たち

❍異動で他部署に出るときに「自分がいるときに大災害がなくて良かった~」と言う

❍厳密な意味で費用対効果の検証ができない職場

人権課――

❍「寝た子を起こすな」という言葉の意味をよく考える職場

❍どんなに頑張っても成果が図りにくいという難しさがある

❍本来は全員が身に付けているはずなのに、未だに「人権」と強調している現実がこの問題の難しさを示している、のでは

観光課――

○国が観光庁をつくろうとも、「ようこそＪＡＰＡＮ」と言っても、結局うちの観光資源はこれか……痛感させられる部署

○うちにもディズニーランドがほしい！

課税課――

○「愛煙家人口は着実に減少している」ことを金額で説明できる人たち

保育課――

○待機児という無言の圧力者と、モンスターペアレントという大声の圧力者に苦しめられる職場

○保育園をつくると新たに需要を呼ぶという、経済学者セイの法則が実感できます

○公立保育園の民営化はもうやらないで！

生活保護課――

○人間の生と死が実感できる、人生修業に最適な職場

○ケースワーカーができれば、役所の他のポストはだいたいどこでもできるようになります

○憲法二五条って何だろうと考えてしまう

会計管理室――

○「住民からの苦情がないから楽だ！」と思って希望した人たちが、往々にして庁内の困った人たちに悩まされる職場

○トイレや昼食以外には席を立たないので太りやすい

○収入役室って何？

学務課――

○「自分の頃の給食は……だった」と言ってしまう部署

○多くの自治体では「激務課」と呼ばれているらしいけど……

指導室――

○「先生！」と言うと最低5人以上は振り返ります

○区立幼・小・中の元締め

○子どもよりも保護者の教育が重要なことを痛切に感じる人たち

図書館――

○住民の代わりに新刊を買ってくれる貴重な場所

○ホームレス対策ができてこそ一人前
○本を返却する際、礼を言うのは貸してもらった住民だと思うのですが……

選挙管理委員会――

○労働時間が時期によって極端に偏った人たちの集まり
○事故がなくて当たり前なんですが……

監査事務局――

○人の職場に乗り込んで、書類を引き抜き、ミスを見つけるプロ集団の集まり
○在任中は距離を置かれることから、異動後につらい思いをすることも……
○議会事務局と会計管理室の出身者が重宝される

議会事務局――

○多くの人を「先生」と呼ぶことを義務付けられた部署
○「管理職って、こんないい加減な答弁しているんだ」を痛感するところ
○閉会中は天国です

7 素晴らしき出張

ささやかな楽しみ

毎日同じように通勤し、家に帰る生活を送っていると、「たまには休みを取って、どこかに行きたいなあ」と思う。しかし、こまごまとした（?）会議や、周りの人のことを考えると、なかなか休みを取りづらい。

そんなとき、出張が一服の清涼剤となる。「そんな大層なことか！」と言われれば、そのとおりなのだが、気分転換にはもってこいだ。

例えば近場ならば、早めに行ってまちの様子を見るというのも結構面白い。毎日の通勤ルートでは見られない、新たな発見がある。都庁などに行く場合は、新宿界隈を歩いてみると自分の住んでいるところとは、全く違っていて驚かされることが多い。「こんな店があるのか！」と歌舞伎町あたりではびっくりさせられる。新宿にお勤めの方には、当たり前なのだろうが……。

また、昼飯を食べる時間があれば、ネットで評判になっている店に突入する。せっかくのチャンスなのに、普通に食事してはもったいない。日頃の昼食代と比べると少しお高めなのだが、たまの贅沢が至福の一時を提供してくれる。

他の自治体に行く場合でも、そこの記念館やホールなども見ておくと、参考になる。「へえ、こんな施設になっているんだ」と素直に思うことは、よくある。どうしても、自分の自治体の施設ばかり見ていると、それが当たり前になってしまい、視野が狭くなってしまうものだ。

いわゆる「ハコモノ行政」として、施設は批判を受けることが多い。しかし、例えば、地方都市の博物館や歴史館などを訪れると、精巧なパノラマやジオラマがあって、結構楽しめる。観光客の多寡は市財政にも大きく影響するから、東京とは意気込みも違うのかなあ、と思ったりもする。

宿泊で地域を知る

宿泊を伴った出張だと、さらにワクワクは広がる。東京とは全く異なる地域の事情に、改めて東京は特別で「匿名社会」だなあ、と感じる。地方では、住民と役所が本当に近い関係にあり、本当に顔の見える「自治」だ。

出張先の自治体の担当者に、地元のオススメの居酒屋や食事処を聞くと、意外な穴場を教えてくれたりする。ガイドブックにも掲載されていないお店だったりして、なかなか有り難い。やはり、地元のことは地元の人に聞くのが一番である。

ところで、これまでで一番驚いたのは、市長さんご自身が我々を歓迎してくれて、昼食を共にしたことだ。役所の一課長が単に視察というだけで訪れたにもかかわらず、わざわざ時間を取ってくださったことには、たいへん恐縮した。やはり地方の方は情に厚いということか……。しかも、その市長さんはご高齢にもかかわらず、食事の量が半端ではなかった。政治家のバイタリティを垣間見た思いだった。

もう、今から一〇年以上前のこと。奈良に出張したとき、夜、数人でとある居酒屋に行き、そこのおかみさんと非常に打ち解けた。客は地元の人と、我々数人だったが、一人で切り盛りして忙しいそうだった。当時若かった自分は「ちょっと手伝ってくれない」と声をかけられ、厨房に入って洗い物をさせられたことがある。そんな経験をしたのは、後にも先にもこの奈良のお店だけだ。

数年後再訪したとき、とても歓迎してくれたが、壁には「お手伝い　千円」の貼り紙。おかみさん曰く、「私と働けるんだから、有り難いと思わなきゃ」と。手伝った方が払うシステムになっていた。

8 有り難き研修

研修好き

個人的に研修は好きである。それは、普段は高額のお金を払わなければいけない一流の講師の話を、基本的に勤務時間内にタダで聞くことができるからである。こんなに有り難いことはない。

これまで印象に残っているのは、お好み焼き千房の中井政嗣社長、北川正恭元三重県知事、ザ・リッツ・カールトン・ホテルの高野登元支社長など。各界で活躍している講師の話は本当にためになるし、自分がいかに狭い社会で生きているのか、ということも痛感させられる。それは地方公務員だから卑下するということでない。誰しも同じ会社で長年働いていれば、その社会の中での視点になってしまい、なかなか別な視点から見つめ直すことができにくくなるのは、ある意味当然なのかもしれない。

公務員社会にどっぷり浸っている身からすると、なるほど公務員はこのように見られているのか、または公務員を取り巻く環境はこのようになっているのか、と改めて思い知らされる。それは、よく言われる「民間企業は厳しいのに公務員は……」という視点だけではない。

民間企業の経営者から見て、自治体にだからこそできること、やってもらいたいことを、時にはストレートに主張されることもある。そんなときは、「なるほど、こういうことを期待しているのか」などと考えさせられることも少なくない。

ところで、こうした有名な講師を呼んで講演会を開催できるというのは、特別区というスケールメリットがあるからだ。金額や参加人数のことを考えると、これを一つの区で実施するのは無理だ。二三区という日本でも特異な存在が故に、なせる業である。

これ以外の各種研修もそうだ。新任研修から始まり、これまで幾度なく受講してきた職層研修では他区の職員と知り合い、互いの情報交換ができるのは有益だ。自分の区だけで実施するのでは、講師の力量も、得られる情報量にも大きな違いがある。受講生の立場からすれば、他区の情報は刺激になる。

苦手な研修も……

一方で、苦手な研修というのも確かにある。グループワークなど、「研修生同士で話し合って、発表してください」という類のものである。講師としては、その方が楽なのかもしれないが、往々にして研修生同士の話は盛り上がらず、おざなりになってしまうのが常である。

以前、ひどい研修があった。係長に昇任したときの研修だったが、昇任者何人かでグループをつくり、事業提案をするというものだった。通常の講義とは別に、そのグループで勤務時間外に集まることが強要（！）され、議論することが強いられた。

そして、数か月に一度、進捗状況を講師の前で発表するのだが、そこで散々けなされるのである。最初はわからずに、講師の指摘を受けて改善して、次回に修正点を発表していた。しかし、そこでもまた、散々に言われるのである。「前回の指摘を受けて、修正したのですが、なぜいけないのでしょうか」と、こちらは謙虚にお聞きするのだが、「それを考えるのが研修です！」と大上段に構えられ、メンバー一同閉口した。

しばらくして、グループで集まり、「あの講師には、何を言ってもムダだから、変に時間をかけるのは止めよう」ということで皆の意見が一致した。そこからは、最低限のメールのやり取りで済ませ、勤務時間外に集まることがなくなったのはもちろんのこと、通常の研修の「話し合いの時間」も、最低限のすべきことを済ませ、早々に職場に戻るようにした。

結局、最後の発表でも、そこそこの評価は得られたので、何の問題はなかった。本当に、あの研修は何だったんだろう、と今でも思う。

ちなみに、グループのメンバーほとんどが、研修の感想には、「他のグループが勤務時間外にも多くの時間を割く中、うちのグループはそれがほとんどなかったことが良かったです」と記していた。

9 ああ、感動の卒業式！

管理職のお仕事

我が役所では、管理職になると公立小・中学校の卒業式に出席するというお仕事がある。通常は、首長の代理で祝辞を読むのだが、教育委員会の管理職の場合は、祝辞ではなく教育委員会として告辞を読む。

もう既にご存知の方もいると思うが、卒業式は、国歌斉唱、学事報告、卒業証書授与、校長式辞、教育委員会告辞、来賓祝辞（首長、議会、ＰＴＡ）、別れの言葉（中学校は答辞・送辞）、歌（校歌も含む）というような順番で進行する。

課長になって初めて祝辞を読んだときには、非常に緊張したことを今でも覚えている。

単に体育館の舞台に上がって文章を読むだけなのだが、これが結構たいへんなのである。司会の副校長に「来賓祝辞。○○長殿。」と厳かに紹介されると、まずは来賓に向かい一礼、次に、校長に向かって一礼。そして、階段を上がって舞台の途中で国旗に一礼する。そうして、司会が再び児童生徒に向かって「礼！」と声をかけて、いよいよ前もって渡された文章を読むこととなるのである。

文章の内容は、まあどこの自治体でも変わらないと思うが、だいたいパターン化した内容である。しかし、全員がこちらを見ていると、足は震えるし、声はたどたどしくなる。会場によっては、スピーカーの音声がよく聞き取れないことがあり、少し大きな声にしてみたりする。すると、会場から何となく「声、デカいよ……」といった雰囲気が送られてきてヘコむのである。

また､最近の卒業式は児童生徒が暴れるなんてことはない（昔はあったらしい）。でも、非常に人の心理に長けたお子さまが隣に「あの人、緊張してるよ！」と、こちらにも聞こえるくらいの、ほど良い音量で、さらにこちらを追い込んでくれる（良い子ですなあ……涙）。

研修講師の場合も同様だが、聞き手がどれくらい話し手または話す内容に興味を持っているかによって、ミッションの難易度が決定する。こちらの話にほとんど興味がなく、「早く終わってほしいなあ」と露骨に感じている場合は逆風となる。反対に、「どんな話なんだろう？」と少しでも興味を持っていそうな場合は、話もしやすい。しかし、この聴衆の心理ばかりはその場に立ってみないとわからない。

とにもかくにも、何とか読み上げて、早々に退散するのである。ちなみに復路も、児童生徒に礼、国旗に礼、校長に礼、来賓に礼である。やれやれ……。

形から入る

ところで、自分が学生として卒業式に出席していた頃は、「卒業式なんて形式だけじゃないか。最後に形だけ上手く取り繕うなんて、本当に意味があるのか」と率直に思っていたし、今でもその気持ちは残っている。

ただ、少し馬齢を重ねて思うのは、たとえそうであったとしても、卒業式は卒業式として厳粛に執り行われることには、一定の意味があるのではないかということだ。「そんなのは形式主義だ！」と言われるかもしれないし、「やはり大事なのはセレモニーではなく、日頃の授業だ！」というのもご意見ごもっともだと思う。

しかし、古臭い言い方かもしれないが、皆が気持ちを一つにして、ある一定の時間を共有して行った儀式は、それはそれで意味があるものではないか。形から入る、形式美ということも、大げさな言い方をすれば戦後の日本が忘れてきた心の一つのように思う。

このように感じるようになったのは、年数を重ねてきたからかもしれない。その日、初めて会った児童生徒なのに、純粋な歌を聞いていると、こちらも〝うっ〟となってしまうときがある。素直な心はいつどこに忘れてしまったんだろう……（反省）。

10 昇任試験

試験勉強

良いか悪いかは別として、我が役所には昇任する際には各種の試験がある。個人的な経験を申し上げれば、主任試験は論文、係長試験は論文と面接、管理職試験は択一・記述・論文・面接が試験科目だった。

働きながらの試験勉強は、時間の捻出が結構大変である。特に、管理職試験に至っては、地方自治法、地方公務員制度、行政法、財政学、資料解釈などの択一科目の暗記だけでも結構な分量になっている。もちろん満点を目指す必要はないのだが、一定の点数を取らないと、他の答案が採点されないという制度になっており、なかなか気が抜けなかった。

当時は、仕事が終わった後に勉強する気などにはならず、もっぱら早起きして静かな時間を勉強に充てた。これまで相当な年数を役所で過ごしているにもかかわらず、地方自治法でも知らないことは結構あるもので、その膨大な分量に当初は閉口したものだ。

自分が経験した議会などは、比較的簡単に覚えられるが、まったく関係のない（？）国の関与や紛争処理などとなると、お手上げである。行政法や財政学にいたっては、直接仕事に関係のないこともあって、「何、それ？」という感じである。朝夕の通勤時間や、昼休みのちょっとした時間も使って問題集を解くのは、役所人生の中でも、あのときだけだった。

ちなみに、こうした自治体の昇任試験には、いくつかの特徴が指摘できる。例えば、論文。昇任試験の論文は、いわゆる学者や研究者の論文とは異なり、行政実務担当者の視点で記述することが必要となる。

加えて、昇任試験用の独特の文体というものがあり、これに慣れるためには結構な時間がかかる。主任も、係長も、管理職試験も、すべてに論文があり、その時々にいろいろな管理職の方にご指導いただいたのだが、本当の意味で論文の書き方がわかったのは、管理職試験に合格し、人に論文の指導をするようになってからである。

論文の視点、書き方、文体など、人に伝える必要が出てきて、ようやく納得した。

ちなみに、昇任試験の論文の勉強をした人ならおわかりだと思うが、これは一種の「型」であり、今後専門誌に論文を投稿するような機会があっても、この昇任試験の勉強が役に立つことはほとんどない。裏を返せば、この「型」を素直にマスターした者は、係長であろうとも管理職試験であろうとも、使い回しができるという特殊性がある。

何を聞いてほしいのかを考えることが面接？

また、昇任試験の面接も一種独特である。そもそも、採用試験とは異なり、面接官も受験生も顔見知りのことが多い（絶対というわけではないが）。いくら偉そうなことを面接で述べても、面接官である管理職はある程度受験生のことを知っているので、「こいつ、普段大した仕事もしてないくせに、こんなときだけエラそうなこと言いやがって！」と心の中で思っているかもしれない。しかし、こちらとしてはそんなことは意に介せず、エラそうなことをヌケヌケと語る図太さが必要となってくる。

まあ、お互い腹の底で何を思っているかは別にして、受験生を演じる演技力が昇任後に必要なのだと言われれば、それはそれで説得力がある。

ところで、面接の準備をしているときに一つの発見があった。

それは、自分が聞いてほしいことを、面接官に質問させるということ。つまり、自分が少しでも誇れるところ、売りにできることをアピールできるように、面接官に質問を仕向けることが重要だということだ。面接官が思わず、「それは何？」と突っ込みをいれたくなるように答えることが大事であり、それにより自分の得意分野を披露することがポイントなのだと悟るようになった。

このことに早く気がつけば、これまで幾度と受けてきた様々な面接の結果も、もしかしたら変わっていたかも！

第4講 課長の席にすわってみると

1 課長はトクかソンか？

課長のメリット？

最近、職員業務量が増えているせいか、昇任試験を受験する人数が減り続けている。責任を取るポストには行きたくないということなのか、悪しきスパイラルになっているとの報道もあるようだ。これは現代の風潮らしい。ある出版社の方に、民間企業も同じような傾向ですよ、と教えていただいた。

この「上に行きたくない症候群」の原因を分析することも大事であると思うが、それはさておき、公務員にとって上のポストに行くことは得なのか損なのか、ということを少し考えてみたい。少し俗っぽい議論になるかもしれないが、ご容赦願いたい。なお、昇任するといってもいろいろあるので、ここでは管理職である課長の損得について考えてみたい（……こんな内容のテレビ番組があったような気がするけれど）。

まず、課長のメリットについて、自分自身の経験から次のようなことが浮かぶ。

第一に、当たり前だが給料が上がること。

「課長になっても、係長のときとそんなに変わらないよ」「課長になると、出費が多くなって大変だ」など、巷間よく言われるが、自分自身の実感としては、以前より良くなった気がする。それこそ上を見れば切りがないが、専業主婦のカミさんと二人で暮らすには十分だ。よくビジネス誌などで「業界別給与紹介」とか「四〇代サラリーマンの業種別給与一覧」なんて特集が組まれ、つい興味本位で読んでしまうが、自分の給料は納得のできる範囲だと思う。民間企業の友人とは、決して給料の話はしないが、友人の苦労話を聞かされると、「給料／ストレス」の割合を考え、素晴らしいコストパフォーマンス（？）だと痛感する。文句を言っては罰が当たる。

第二に、課長になると「やりがい度」が高まること。

当たり前のことだが、主任や係長としてやれる仕事の範囲には限界がある。事務改善だったり、係長や課長に意見を言ったりすることはできるが、課長のようにモノゴトを決定する権限は少ない。

しかし、課長になれば事業を決定したり、課の方向性を決めたりすることができる。それだけに困難は伴うが、それを成し遂げたときの喜びは大きい。自己実現という言葉が正しいかどうかはわからないが、自分らしさを発揮して仕事ができて、その上、住民や関係団体などから「ありがとうございました！」なんて感謝されると素直にうれしい。

第三に、課長という職を通して、成長できることが実感できること。

課長になると、議会や住民対応、それに部下指導など、いろいろな場面に遭遇する。それらに、何かしら対応していかねばならない。もちろん、最初から上手くいくわけではなく、様々なことを経験、学習していき、ときには悩み、落ち込む。

しかし、どうにかこうにか悪戦苦闘し、何とかできるようになる。すると、自分がほんの少し成長したような気になる（錯覚かもしれないが……）。昔の上司の言動や行動には、そういう意味があったのか、とハッとさせられもする。これまで物事を表面的にしかとらえてこなかった自分の浅さを反省し、より世間の機微を思い知らされる。これも課長の大きなメリットだ。

人生の選択

課長のデメリットは、今まで書いてきたものの中にある。仕事の内容も増え、業務量も増え、ストレスも増える。単純な計算で言えば、課長になることのメリットとデメリットを差し引き、どちらが多いかということがポイントかもしれない。メリットが多いと考える人は課長になるだろうし、デメリットが多いと思う人はならないだろう。

しかし難しい点は、メリットとデメリットの正しい計算が、課長になった後でないとできないことであり、計算を間違うと悲劇を招くことである。みなさんもそんなケースが思い浮かぶのではないだろうか。

ただ、個人的には、課長になることのメリットが、あまり若い職員に伝わっていない気がする。それは、我々課長自身の責任かもしれないけれど……。

2 マスコミ対応

初のテレビ取材

二十数年の役所生活で、仕事上、マスコミとのおつきあい（取材）は何回かあった。課長昇任の際には「マスコミと行政」のような研修があり、対応について学んだこともある。しかし、「なかなか難しい！」というのが本音である。そんなマスコミ対応について、いくつか記してみたい。

役所に入り、初めて取材を受けたのは確か入庁三年目だったと思う。当時、福祉事務所のケースワーカーで、中国残留邦人を担当していた。生活保護を中国残留邦人へ適用することの課題や、日本での定着・自立までの難しさ、二世三世の問題などについて、生まれて初めて取材を受けた。役所の会議室に照明などの機材が持ち込まれ、インタビュアーから約一時間、いろいろな質問を受けたと記憶している。

まだまだ若造の自分がこんなにインタビューを受けていいものか、という疑問があったものの、なぜか一番詳しいからという理由でその役を引き受けることになった。ただでさえ早口なのに、さらに緊張も加わり、実際に何を話したかは、もうすっかり忘れている。

ただ、帰り際に「放映日が決まったら教えてください」と言ったものの、連絡はなかった。後から知ったのだが、日曜日の夕方に放送され、しかも実際に取材のシーンは数秒程度だったとのことだった。

「放送されるなら、一族郎党に伝えて、家の名誉にしたい！」と思っていたので、そのときは結構落胆した（涙）。そして、「なんで放送日くらい、連絡してくれないのか！」と、あまりマスコミに良い印象を持たなくなった。

話が下手過ぎる！

次のマスコミ登場（？）は、あるラジオ番組の生放送だった。生放送の当日、夜だったせいか、なぜか放送局の入口がわからず、非常口から入って警備員の方に案内された。その途中に掲示板があり、テニスサークルの練習日のお知らせが掲示してあった。何気なく見たら、「集合時間は一四時三分」と、非常に半端な時間が指定されていたことに、驚いた記憶がある。そのときは、「さすがマスコミは時間に厳しいんだなあ〜」と妙に納得していたが、今考えれば、ただのウケねらいだったのかも。

このときは一人暮らしで、番組をカセットデッキ（死語？）に録音し、帰ってきてから聞いたのだが、自分の声なのにまるで別人のように聞こえるし、早口だし、質問にきちんと答えていないしで、もう散々だった。そして心から思った——話が下手過ぎる！

そのカセットテープは、それ以来聞いておらず、現在、我が家でホコリをかぶっている（合掌）。

その影響たるや大

しかし、マスコミの影響は大きい。前段のテレビ取材では、九州の知人から「テレビ見たぞ！」と連絡があったし、ラジオ番組出演の翌日は役所のいろいろな方からお電話をいただいた（告知していたわけでもないのに……）。また、ある新聞で取り上げていただいたときには、ご丁寧にお手紙を頂戴したこともある。本当にマスコミの威力は大きいし、その取り上げられ方で印象が変わるので、怖いなあとも感じる。

小心者の私としては、そんなことからあまり積極的にマスコミの方と接点を持つことはない。だが、人によっては熱心に勉強していたり、物事の表面ではなく本質を伝えようとする真面目な方には、「協力しよう」と思うことも少なからずあるのも事実である。

仕事柄、地元のケーブルテレビなどに出ることも結構ある。そんな番組を家でカミさんと一緒に見ていると、「もう少しいい服装で、にこやかにしてなきゃ、ダメじゃない！」

一番遠慮しない視聴者はここにいる。

3 部下から慕われる仕事してますか?

出世と降任

職員なら誰しも選択を求められる時期がある。昇任試験だ。我が役所の場合、二級職や統括課長など、申込みさえしていないのに勝手に昇任してしまうようなものは別として、通常、主任、係長、管理職と、それぞれの段階で試験が存在する。自分がどの位置まで行けるかという可能性は別として、どこまで行きたいのかは選択しなければならない。

現在、職員が昇任試験を受験しなくて困っていると言われている。だから、管理職は部下に受験を勧めるようにとのお達しがくるが、これには十分注意しなければならない。約二〇年の役所人生の中で、いろんな悲劇を見てきたからだ。

一般職員のときは有能で力を発揮していた人が、係長になったら部下をきちんと指導できないばかりに、職員にそっぽを向かれ心の病に陥ってしまうケース。いわゆる官房系ばかりの職場に在籍してチヤホヤされていた職員が課長になって、住民説明会で吊し上げられて病気になってしまうケース。そんなことがままある。

今でこそ降任なんていうことも制度化されているが、まだまだ稀だ。また、昇任の一方通行を基本としている特別区の人事制度の中で、降任を選択するのはかなりつらいことだ。だから、甘い言葉で受験を勧めるなんてことはできない。大げさかもしれないが、昇任は人生の選択なのだから自己責任でお願いしたい。

それを前提とした上でも、なお昇任試験を受験する職員が減っているという現実。これをどう考えるか。管理職の端くれとして、職員が上のポストに行きたくないという組織は、果たして組織として機能しているのか大いに疑問だ。

課長のようになりたくない!

組織論の名著『組織の盛衰』（堺屋太一、ＰＨＰ文庫）では、組織には共同体（構成員の満足追求を目的とする組織）と機能体（目的を達成することが主眼の組織）があるとされている。役所はもちろん後者に属するが、そのメンバーの大半が「私は今のポストで十分です。上のポストなんかに行きたくありません」という意識をもっているのであるとすれば、役所がその組織目的を達成していけるのかは不安だ。同書で指摘されている「機能体の共同体化」という、組織目的よりも構成員の心地よさが重視されるようになったからなのか。けれども役所が「仲良しクラブ」では困る。

職員がなぜこのような意識になってしまったのかについては、いろいろ分析がなされているが、ここではそれに触れるのが目的ではない。大事なことは、どうしたら職員の意識を変革できるのかということだ。

それは簡単に言えば、あんな上司のようになってみたいというような、魅力ある上司がいることではないだろうか。残念ながら、今は反対に「あんなふうには、なりたくない」と思うことが多い気がする。

自分の経験を振り返っても、仕事のやりがい、楽しさを教えてくれた上司が記憶に残っている。一緒に仕事をして、困難を乗り越えたときに、何かを成し遂げたという手応え。自分にもこれができた、というような成長感。そんな思いが、これからも頑張っていこうという気持ちにつながるし、あんな上司のようになりたいという気持ちにさせる。反対に、単なる自分の上昇志向や保身のために部下を使おうとする輩には、人はついて行かないし、職員のヤル気もそがれる。

管理職のみなさん、どうですか？　部下が「課長のようになりたい！」というような、そんな仕事をしていますか。

4 夜のお仕事？ 防災宿直

管理職のお役目

我が役所では、原則、管理職になると防災宿直の仕事が与えられる。平日であれば、勤務時間終了後から次の日の朝、つまり一七時一五分から翌朝八時三〇分まで。土日や祝日などは、八時三〇分から一七時一五分までの日直も加わる。つまり、三六五日二四時間必ず役所には管理職がいるということになる。

庁舎隣にある防災センターには、災害時に活躍（?･）するであろう部署が集結している。防災課はもちろんのこと、土木部、清掃リサイクル課、情報システム課などである。そのセンターの一室に宿直室がある。室内は、さながらビジネスホテルのシングルルームのようだが、シングルよりもやや広いかもしれない。テレビ、ユニットバス、ベッド、電話、FAX、さらにラジオ、無線機、地震計などの各種器材が装備されている。

宿直、好き？ 嫌い？

宿直は、ほぼ全管理職のローテーションなので、二か月に一回くらいの割合で回ってくる。もちろん、都合によっては日を入れ替わってもらったり、他の人にお願いしたりすることもあるのだが、当番表を見ていると結構面白いことが読み取れる。

まず、好んで宿直をやりたがる人。例えば、急に夜の会議などが決定し、どうしても代理を探さなければならない場合、この人（仮に、Aさん）に連絡すると、まず間違いなく引き受けていただける。宿直大好き管理職なのだ。その理由は、家に帰りたくないのか、居心地が良いのか、本人に聞いたことはないので不明だが。ちなみに、このAさんは「連泊」や「宿直＋日直＋宿直」も経験済みである。

また、人によっては、宿直はほとんどやらずに、日直ばかりあたっている。これは、ある女性管理職ご本人から聞いたのだが、夜一人の宿直室は「怖い！」のだそうだ。確かに、大きい防災センターの建物に一人でいると、そう感じるかもしれない。しかも、地震が発生したり警報でも発令されたりすると、隣にある防災課のいろいろな機器が一斉に鳴り始める。その機器を動作するのも結構大変で、とても寝ていられない（だからこそ、宿直なのだが……）。

さらに、防災宿直時に火災などが発生し消防から連絡があると、その内容を確認する。焼け出されて寝る場所に困る人や、死者やけが人が出た場合には、夜中であろうとも防災課長に連絡して対応してもらう。

本当に困るのは、急ぎの用件でもないのに深夜電話がかかってくる場合である。それは、関係機関もあれば住民からもある。「そんなこと、こんな時間に電話してこなくたって……」と思いながら、目をこすって対応することとなる（涙）。

防災課長、活躍!?

防災宿直や日直は、宿直室にいて対応するのが仕事なので、外に出ることはない。先ほど述べたように、死者やけが人などが出たときに駆けつけるのは、防災課長の仕事である

（普通は、係長など職員も一緒に出動となる）。

自分もある時期、この防災課長を務めていたが、結構気を遣うことが多い。例えば、飲みに行っても携帯電話がつながるかどうか確認する（地下のお店はパスする）、夏季休暇など連続して休む場合には係長と重ならないようにする、また居場所もきちんと告げる、寝ているときは枕元に携帯電話を置き、最大音量にしておく、などなどである。酔っ払って爆睡していて、宿直から電話がかかってきても出られなかったではシャレにならない（汗）。

ある意味では、公務員としての真価が問われるのが、この防災宿直の仕事なのかもしれない。

5 課長たちのボヤキ

何気ない一言に愛情と人生の機微が

――本当に〝わからんちん〟の部下がいて困るよ。職員はトップの意向がわからないのに、「課長、それは間違っています！」なんて正義感振り回して……。こちらも強権的な命令はしたくないから、「おいおい、○○君。そんな言い方はないんじゃないの」とやさしく言うんだけどな、向こうはわかってくれないよ。かえって、「私は、そんなふうに思いません！」とキレられたよ。まったくお手上げだよ。

――オレにも、そんな経験があるよ。ちょっと気になる職員がいて、「○○君、最近お疲れかい？」なんて、ちょっと冗談めかして言ったんだよ。「はあ、なんとか大丈夫です」っていうから、しばらく放っておいたら、「課長は何もわかってくれない」と、周囲に愚痴を言いまわっているらしいんだよ。こっちも、気を遣って言葉を選んでるのにな。

――何気ない一言に、愛情と人生の機微があるのになあ。若い職員はそれに気付かないんだよな。年をとれば、いつかわかるときが来るのかね。

仲良しクラブ

――今の職員って、傷つくのを極度に恐れると思わないか？　職場が仲良しクラブのようだ。そりゃ職員同士の仲が良いのは結構だが、仕事は仕事として、議論を戦わせたりすることもあって当然だと思うんだけど。めっきりそんな場面に遭わないよ。

――まあ、今の職員は日々の仕事に追われている、ということもあると思うよ。オレらが若い自分より、ずっと事務量は増えているからな。ただ、日々「仕事をこなす」ことに追われて、仕事に創意工夫をこらしたり、自分なりの提案をしたりってことがないよな。本当は、そういうところに仕事の楽しさがあるのにな。

――オレたち管理職にも責任はあるよ。きちんと職員を指導してないのかもよ。それに、今の職員の中で「課長みたいになりたい！」なんて思ってる人間は、果たして何人いるのかね。若手職員は出世を望まない、という調査結果もあるし……。

――でも、これでカネもらってるんだから、きっちり役割は果たしてくれなきゃ困るぜ。ただ、言われたことだけやれば良いっていうんじゃ、組織は成り立たんよ。

――確かに、プロ意識とは言わんが、自分の役割はきちんと理解してほしいよな。係長が職員をまとめることもせずに、「忙しそうだから、仕事手伝おうか」なんて職員にへつらったり、効率も考えず、いつもダラダラ残業していたりするのは、やはりおかしいよな。

勘違い職員

――よく「使える奴」「使えない奴」っていう言葉を口にする職員がいるだろ。オレは、あれにどうもひっかかるんだよ。そう言っている奴の深層意識には、「自分は使える奴だ」っていう、いやらしい下心があるように感じるよ。

――確かに、「お前いったい何様だよ」って、そういう奴いるよな。課長でもないのに、偉そうに人事を語ったり、新人に偉そうなこと言ったりする奴。そのくせ、そういう奴に限って、挨拶はできない、会議に平気で遅れてきたりするんだ。人一倍プライド高いくせに。お前、その自信はどこからやってくるんだ、頼むから教えてくれ、って思うよ。

——そういうのって、何が原因なんだ？　本人だけの問題なのかな。オレたち課長が、きちんと注意しないことも原因かもな。だけど、今の職員は線が細いから、人事課から「新人は大事に育てるように」なんて、お達しが出るような時代だしな。

——さっきの話とカブるかもしれないけど、自分の役割をきちんと認識してないんじゃないか。組織の中での、自分の役割がわかってないんじゃないの。

残念ながら、紙面の都合上、これ以上この課長たちの会話を掲載することはできない。これら会話からは、日頃部長と職員の間に入って悪戦苦闘していたり、議会からの難解な要望に困っていたり、住民対応で苦慮している課長たちの姿が垣間見える。でも、小心者の私は、こんな激しい会話を某所でビクビクしながら聞いていた。

今宵もどこかで、こんな会話がなされているんだろうか（涙）。

6 議会答弁あれこれ

「何でもあり」の委員会

課長になると、避けて通れないものの一つに議会での答弁がある。自治体によって、議会への対応はそれぞれ違うので、ここでの内容は他の自治体とは「流儀」が異なることがあるかもしれない。それをお含みいただいた上で、少し記してみたい。

議会にも、本会議、委員会、全員協議会など、様々な協議の場がある。ここではあくまで委員会に限定して筆をすすめよう。出席する委員会には大きく分けて、自分が所属する部によって分類される常任委員会と、予算審査・決算審査など、特定の時期に設置される特別委員会がある。

常任委員会では審議される案件が決まっていて、事前に通知される。だいたい、請願・陳情、報告事項、協議事項となるが、案件が決まっているので、課長としては比較的準備しやすい。

これに対して、予算審査・決算審査は、文字どおり予算・決算に関係することなので、「何でもあり」となる。そのため、準備は結構大変だし、事業全般についてひととおり知っておく必要がある。我が役所の場合、最初に一般会計が総括、歳入、歳出の費目別（総務費、民生費など）に四日間かけて審査され、すべての特別会計は一日で審査されることから、合計で五日間を要している。議員の方も大変だと思う。

悲喜交々

質問した議員の名前の読み方を間違えたなど、初歩的な間違いもあるが（それはそれでたいそうな出来事なのだが）、それ以外にも様々な癖や様子を見ることができる。

ケース１：自分の答弁に酔ってしまう人

質問されたことに、非常に丁寧に説明をし始め、だんだん興に乗ってしまい、延々しゃべり続けてしまう。話している本人は得意なのであろうが、周囲はシラケてしまう。
「わかってほしい」という気持ちから、どうしても説明が長くなってしまう人が多いが、自分の答弁に箔を付けるためか、やたら前置きが長く要領を得ない人もいる。周囲の空気をきちんと読まないと、「話が長いぞ！」などと野次が飛び、委員長からは「簡潔明瞭に答弁してください」などとご注意をいただき、幕引きとなる。

ケース２：質問に答えない人

質問されたのだから、それに答えるのが当たり前なのだが、結局質問に対して何が答えなのか不明という答弁もある。質問に関連することをいろいろ述べるのだが、結論が不明なのである。かつて「言語明瞭、意味不明」と呼ばれた首相がいたが、これに近いかもしれない。こんなときも、「結局、何が言いたいんだ」「結論を言え、結論を！」というお声が飛び交い、終了となる。

ケース３：答弁の基本中の基本を身に付けていない人

行政の継続性ということも忘れて「その件については、当時はまだ私は今の職場にいなかったので知りません」と平気で言ったり、議会の委員会にもかかわらず「○○委員」と言わずに「○○先生」と連呼したり、質問している人の立場（会派など）を踏まえずに答弁する場合である。こうした場合には、大変に厳しい状況に陥る。議員からだけでなく、部長などからも注意される（涙）。

課長になりたての頃は、こういうことを一つひとつ学んでいかなければならないので、大変である。自分は幸いにも議会事務局にいたことがあったので、とても助かったが、あのときの経験がなかったらと思うと、結構ぞっとする。

ところで、今までいろいろな答弁を見てきて、スゴい課長がいた。何を質問しても、のらりくらりとかわして煙に巻いてしまうのである。ご本人は決して不真面目なのではなく、真剣そのものなのだが、結果としてそうなってしまうのだ。結局、質問する方が嫌になり、質問する気をなくさせてしまう。最後には「あの課長には、何を聞いてもムダだ」と言われたらしいが、そこまでいけば、もはや雲上人である。良いか悪いかは別として……。

7 研修講師奮闘記

悪魔の誘い

係長や課長などになると、研修講師というお役目が割り振られる。その内容は、非常に多岐にわたり、例えば新任研修のクラスリーダーのように学校の担任みたいな役目もあれば、地方自治法や地方公務員法の講義、昇任試験の対策講座など、様々である。

俗っぽいことを言って恐縮だが、昔は多少なりとも謝礼（と言っても些少だが）が出たが、今はなくなっている（はずだ）。「そんなことは当たり前だ！」とお叱りを受けるかもしれないが、そうなると講師など引き受けない方が良い、という人が大勢を占めることとなる。だから、研修担当者が役所内で講師を探すのは大変だと思う。研修はすべて外部に委託している自治体があるというのも、うなずける。

多くは「管理職試験に合格したから」「課長になったから！」などの理由で、講師を割り振られているのが実態だと思う。しかし、そうでない場合もあり、たまに研修担当から悪魔のお誘いがやってきて、捕獲されてしまう（涙）。

声は震え、足はガクガク……

講師をやったことがある方は十分ご承知かと思うが、講師はとにかく準備が大変だ。まずは、資料作成である。レジュメ、参考資料などをせっせと集め始める。かつて、新人職員を対象に地方公務員制度の資料として、公務員の不祥事に関する新聞記事を集めていたら、簡単に、しかもたくさん集まったことに非常に驚いた。いくら、一般に報道されているとは言え、すべてを見せるのはあまり良くないと思い、記事を厳選（？）させていただいた。

次に、しゃべる内容の準備である。人前で話す場合、自分は早口であることもあって、思っていた時間よりも短くなってしまうケースが多い。このため、時間が余っても良いように、少し大目に準備をしておくこととしている。それでも、余ってしまうことがあり、そんなときは正直に「すいません、時間配分を間違えました……」と謝ってしまう。

また、昔は「ここで笑ってもらおう！」とウケをねらっていたが、ことごとく不発に終わったので、今はカミさんに「あんた、そんなみっともないことは止めなさい！」と禁止されている（人を笑わせるのは、本当にムズカシイのです）。

そんなこんなで、いよいよ研修当日。受講生を前にすると、声は震え、足はガクガクとなるのだが、しばらくすると、「もういいや！」と開き直って、しゃべり続ける。やはり、準備をきちんとしていると、何とかなるものだが、準備不十分だと散々な結果になるのは言うまでもない。

『話し方入門』（D・カーネギー、創元社）に、「話し手が、頭にも心にも本物のメッセージ―話さずにいられないもの―を持っている時、そのスピーチは成功したも同じである」との一文がある。正にそのとおりと思うが、その域にはなかなか達することはできない。

ところで、受講生の様子もいろいろである。自分だってそうだったのだから偉そうなことは言えないが、瞑想に入る者、なぜか遠く一点を凝視している者などなど。途中で携帯電話が鳴ることも、今は珍しくない。もちろん、真面目に聞いている受講生が大多数であるが。

また、当たり前のことだが、その研修を希望してきた場合には、受講生のモチベーションも高いのだが、新任研修のようなノルマの研修の場合は、モチベーションが低く、いかに惹きつけるかは大事なポイントだ。途中でクイズをやったり、ビデオを流したりなど、飽きさせないように、こちらも必死である。

うれし悲しの感想文

研修後数日すると、ご丁寧にも受講生からの「感想」が回覧されてくる。名前と内容を見ながら、「良いこと、言ってくれるね！」と思わず顔がほころぶようなものもあるが、研修中瞑想していたくせに、散々な文章を書いてくる輩がいる。まあ、つまらないから眠るのか、眠っていたから研修の中身がわからないのか。そこは不明だが……。

そんなときは、「いつか、こいつが講師をしたときには、復讐してやる！」と心に誓うのだが、年齢を考えたら、もう自分は役所にいないことがわかり、人知れず涙する。ちきしょう！

8 うまく挨拶ができない！

挨拶も仕事のうち

係長や課長などの「長」がつくポストになると、公式・非公式を問わず、挨拶の機会が増える。もちろん、ここでいう挨拶とは、「おはよう」「元気？」といった日常会話ではなく、住民説明会、研修、歓送迎会など人前でしゃべる、あれである。

正直、この挨拶、非常に苦手である。自分自身は非常に早口。しかも話している間に、「あれも、これも言わなくては……」といろいろなことが頭をよぎり、「あわわ、あわわ」となりながら、結局は短時間でいろいろなことを詰め込んでしまう。おそらく聞いている人は「結局、何を言いたいんだろう？」と思っているはずだ。そんな深い反省と後悔だけをいつも感じて、席に戻るのである。

しかし、見事なまでに上達しない。おそらくは、せっかちな自分の性格が根本原因だろうなあ、と自己分析するのだが、そんな性格がすぐに変わるわけもなく、一向にダメである。

仕方ないので原稿準備

そうは言っても、挨拶の機会は嫌でもやってくる。飲み会などの挨拶は、まあ何とか誤魔化せるが（課員のみなさん、ごめんなさい）、どこかの会場に千人以上もいる中での挨拶となるとダメなので、仕方なく原稿を準備することとなる。

指定された時間、対象となる人、会議の趣旨などを考え、文章を考える。学生時代の校長などの話は、心に残らなかったものが多かった。だから、自分はそんなことは言うまいと思い、何とか工夫しようとする。が、実際には気の利いた原稿などとてつもなく難しい。

原稿ができたとしても、それでは終わらない。聴衆を前に下を向いたまま、原稿を棒読みするわけにもいかない。そんな大きなホールで、挨拶する人がずうっと下を見ていたら、それもまた違和感を与えるのは確実である。

なので、そんなときは少し早めに会場付近の公園などに行って、文章を暗記するのである。原稿を片手にし、時折遠くを見ながら、一人モゴモゴとして公園にたたずむ。通りすがりの人がたまに変な視線を送ってくるが、そんなことは気にしていられない。こっちも必死なのだ！

実際に壇上に立つと、大勢の視線がこちらに向く。一瞬ひるむが、後は勢いに任せてしゃべり始める。「こいつ、暗記してきた文章をしゃべってるな！」と思われても、そんなことに構う余裕など微塵もない。覚えてきた最後の言葉を口にするまで、こちらも一直線。いっぱい、いっぱいだ。何とか言い終わると、一礼し、自席へ。やれやれ……。

政治家のスピーチ

政治家のスピーチはうまいなあ、と思う。たとえ、原稿がなかったとしても、言葉ははっきり、聞き手の心をくすぐり、最後にはしっかりと締める。絶妙である。

当然、行政の人間にだって挨拶のうまい人間はいるのだから、個人の得手不得手ということもあろうが、それを差し引いても、やはり政治家はうまいなあ、と感じることが多い。

　こちらは早くスピーチを止めたいがために、自然と早口になってしまう。加えて、頭に浮かんだことを整理もせずに話してしまう。これでは、まったくダメである。

　想像するに、政治家のスピーチは、とにかく相手の心にどれだけ残るかが勝負である。可及的速やかにその場を去ることでなく、できるだけ印象付けられるかだ。だから、言葉ははっきり、相手の心をくすぐり、そして上手に締める。きっと人前で多く話すことで、自然にスピーチ術が身に付いているのではと勝手に思っている。

　では自分もと思い、ゆっくりと話し始め、周囲の反応を見て、と壇上に立つ。が、途中からいつものあせりが出て、言葉は新幹線ばりに加速していく。

　……やっぱり、挨拶はダメである。

9 メンタルタフネス

心の病

残念ながら、現在、心の病になる職員が多い。課長としては、注意すべき課題の一つなのだが、ここでいくつかの事例を記してみたい。

まず、職場の人間関係に悩むケース。

これは、もちろん本人に問題があるケースもある。先輩に聞かないで自分勝手に業務を進めてしまう、周囲が忙しくしているのに「何か手伝いましょうか?」が言えない、自分の仕事以外は無関心などの場合である。これでは確かに周囲から浮くが、いずれ上司から指導を受けることとなる。

深刻なのは、非常に癖のある上司がいる、どうしても合わない先輩がいるようなケースで、本人に問題はないような場合である。よく言われることだが、学生時代は気の合った人間関係だけで済んでいたものが、実社会では嫌な人間ともつきあって仕事をしていかなければならない。そうしたことに慣れていない新人には、かなりストレスになってしまう。

また、住民との関係で悩むことも、基礎自治体ではよくある光景だ。

昨今のモンスターペアレントではないが、電話や窓口で一時間以上も文句を言い、最後には人格を否定されるような言葉を浴びせられることも少なくない。そこまでいかなくても、住民説明会などで、いわゆる地域エゴ丸出しの姿を見せつけられると、「住民と協働した自治体」などを目指して入庁した職員は、げんなりとしてしまうかもしれない。理想と現実とのギャップに悩むというわけだ。

もっと、身近な例もある。まだ業務の処理に慣れていない新人にとっては、仕事の順位付け、効率的に業務を遂行する方法を熟知していない。そのため、どのように仕事を処理してよいかわからずにパニックに陥ってしまったりする。特に新人の間は雑用を言いつけられることが多いので、手際よく処理していかないと、なすべきことが雪だるま式に増えていってしまうのだ。

一歩引いて考えてみれば

おそらく、みなさんにも思い当たる事例があると思うし、人によっては、もっと深刻なケースを抱えているかもしれない。当然のことながら、自分も仕事のやり方や人間関係など様々なことに悩んだのは言うまでもない。しかし、ある程度年数を経る中で、「こうすれば良いのでは……」と学習したこともある。

それは、メンタルタフネスを養うことだ。簡単に言えば、ストレスに強くなる、打たれ強くなるということ。これは、単に「気合を入れていけ！」という精神論ではなく、テクニック、技術論なのである。ストレスに押しつぶされそうになったときどうするか、いかにストレスに強くなるかを学習することだ。

特に参考となったものは、心理学で言う「論理療法」とか「ＡＢＣ理論」とか呼ばれるもので、例えば次のようなものだ。

まず、私たちの周りで起こる事実というのは変えることはできない。上司がガミガミ言うのも、住民からのクレームも、その事実は変更できない。だからといって、投げやりになれというのではない。

通常、そうした事実を踏まえ、私たちはその事実の解釈を考え（思考し）、その後感情を抱くことになる。「あんなひどいことを言う上司は許せない」「あの上司とはかかわりたくない」などだ。

こうした一連を考えてみると、「事実↓思考↓感情↓行為」という流れになっていると分析できる。事実は変更できないが、思考・感情・行為は我々自身によるものだ。言い換えれば、どのような思考・感情・行為をとるかは、自分の選択による（無意識に選択してしまうこともあるが……）。

これをストレスとの関係で考えると、我々がストレスを溜め込んでしまうのも、そのような選択の結果と言える。例えば、上司が何かを言ったときに、「上司は私を嫌っているんだ」と考えるか、「いやいや、上司は私のために指導してくれているんだ」と考えるかは、心の選択にかかっている。そして、それがその後の行動を決めることになるのだ。

このように考えると、瞬間湯沸かし器になるのではなく、一歩引いて考える癖を身につければ、ずいぶん変わってくるのではないだろうか……。とは言っても、頭にくることも多いけど！

10 肩書きと役割

肩書きの効果

数年前、こんな話を聞いた。監査事務局にいた女性が、監査で区立学校を訪問した。メンバーは、監査委員、係長、そしてその女性（主任）の数名である。ひととおりの書類のチェックが終わり、結果を校長・副校長らに説明していた。係長の話に引き続き、女性が書類の不備について説明し始めると、校長らの態度は一変したという。

「こちらが説明しているのに、目も合わせないんだよ。私が女性だからなのか、主任だからなのか、わからないけど。明らかに、態度が違うんだよ」とその女性は憤慨していた。

「日頃は、子どもたちに『差別してはいけません』『相手の目を見て話しましょう』なんて教えている先生たちが、だよ。本当に、どうなってんのかね」と怒りはおさまらず、最後には、「自分が小・中学生のとき、こんな先生に頭を下げていたのかと思うと、本当にくやしい」。

確かに、立場によって態度を変える人は、今でもいる。先の女性ではないが、これまでを振り返ってみると、主任や係長のときに明らかに下に見られているなあ、と感じたことはあった。言葉で直接感じることもあったし、言外の態度でわかる人もいる。

課長になった今、確かにそうした扱いを受けることはほとんどなくなった。しかし、稀にある。「自分は部長クラスと同等である」という、不思議な序列意識をお持ちの方がいて、その言葉にはやはり違和感を覚える。

また、ある会合では、「課長さん、課長さん！」とやたら持ち上げてくださる方もいる。「あ〜、この人は自分が主任だったら、きっと目も合わせてくれないんだろうなあ」と心で思いつつ、つくった笑顔を応対する。

立場やポストで判断するという人は、厳然と存在する。相手が持ち上げてくれるから実害はないものの、内心「こいつ、本当は嫌な奴だなあ」と思いつつ、相手の接待を受ける。これも課長のメリットだろうか。

役割に徹する

一方で、職責に応じた役割を演じることも重要である。こんな考え方がある。「自分に与えられた責務を果たすこと。仕事をするとは、そういうことだ。どれだけ与えられた役割を演じることができるか、それが一番の問題だ。

どのように職場内で人と接するかは、相手と自分の位置関係で決める。たとえ、かつての先輩や上司であっても、相手の役職が自分より下ならば、そのように接する。『この案を○日までに仕上げてください』『この問題点をまとめて、報告してください』など、遠慮なく言う。遠慮など禁物なのだ。

反対に、自分よりも後輩だった者が上司になったら、昔の関係は忘れて、あくまで一部下に徹する。後輩の方がポストは上なのだ。部下として上司をサポートしなければならない。こうしたときも、微塵も卑屈さを感じないように心掛けてきた。

どちらの場合であっても、相手の人格とか人間性は関係ない。あくまで自分との位置関係が、話すべき言葉を決定するのだ。自分の照れとか個人的な思いは横に置いて、役割が私に話をさせるのだ。だから職場で用いる言葉は、言うならば『役割言語』だ。五時以降のつきあいも最小限にする。九時〜一七時で役割を演じることに徹しているのに、それ以降もその中に身を置くなど、できるだけ避けたい。部下だって、本心はそう思っているのではないか。まして、飲みすぎて自分の行動や言動に疑問を持たれたら、そっちの方が問題だ。

こうやって、役割を演じることに徹していれば、問題なく公務員生活を過ごすことができる。これが長い公務員人生で体得したコツなのだ。まだ若い職員にはわかるまい……。」

なんて、割り切れる人、なかなかいませんよね。

第5講 自治体の社会学

1 加点主義でいこう

前例踏襲主義の功罪

役所批判のお決まりのフレーズに、「前例踏襲主義」というのがある。確かに、これまでの役所生活を考えると頷ける。例えば、某課長の口癖は「前は、どうだった？」だと、職員に揶揄されていた。前と同じようにやっておけば良い、という意識を公務員の多くは持っているはずだ。民間企業であれば、少しでも独自性を出して、自分をアピールするという意識が強いかもしれないが、多くの公務員は違う。

しかし、これがまったく間違いかと言えばそうではない。例えば、以前に在籍していた議会事務局には、「議会運営事例集」のようなものがあった。これは、何年かに一回しか発生しないような出来事に対して、どのように対応したかをまとめたものである。議会は考えの異なる様々な会派によって構成されている。そのため、突拍子もないことが発生した場合には、各会派に説明し、対応を了承してもらう。それが一つの先例になると、「みんなが認めた対応」として重要な意味を持つようになるのである。それ故、必ずしもダメだとは言えない。それに、公平性・平等性が重視される公務という性格から、前例踏襲が重視されることもある意味当然と言えば当然だ。

しかし、職員の意識という視点に戻れば、「前と同じようにやっておけば、怒られない」というのが本音だろう。もちろん、何が何でも独自性だ、と言ってメチャクチャな仕事をするのは論外だが、とにかく前と同じようにやっておけば良い、という意識もやや疑問がある。「とにかく言われたことだけやって、ミスがなければそれで良い」という気持ちもわからなくはないが、それだけでは少し悲しい気がする。

減点主義の世界？

ところで、この前例踏襲と関連してよく言われるのは、「公務員は減点社会だ」ということ。つまり、何かユニークな考えや施策を出して、上から評価されるのではなく、どれだけ失敗が少ないか、が重要だという指摘である。これも、自分の経験に照らし合わせて確かに納得できる。「○○は新しい事業を計画して、今度企画部門に異動になった」なんてことは聞いたことがないが、「△△は議会対応に失敗して、出先に飛ばされた」という話はすぐに思い浮かぶ。

安直な発想だが、「何かオリジナルな企画を出しても評価されない（給料も上がらない）ならば、失敗しないように前例踏襲で仕事をしよう」というように考えるのも、わからなくもない。そして、実際にそのような姿は多く見られる。

例えば、若い職員が新しい企画や事業を考えても、係長や課長の段階で「そんなことはやらなくて良いんだよ……」とつぶされ、職員のヤル気がそがれていく。そして、そんなヤル気があった職員も「役所はそんなもんだ……」と、いつしかそのときの係長や課長と同じようになっていき、それがまるで自分が「ベテラン」になったことの証のように錯覚していく。そんな悪しきスパイラルは存在していないだろうか。

加点主義

さて、暗い話が続いてしまったが、みなさんをブルーにするのが目的ではない。ここで言いたいのは、もうそろそろ「どれだけ失敗がなかったのか」ではなく、「どれだけのことを成し遂げたのか」という視点を、役所の共通のモノサシにしませんかということである。それは、単に人の評価ということではない。失敗を恐れて何もしないよりも、多少の失敗があっても改善や独自性を評価する組織風土にしていきませんか、ということである。もちろん「言うは易く行うは難し」なのは重々承知である。

しかし、係長や課長のなり手がいない現状を踏まえ、今後どのように組織を運営していくのかは重要な問題である。前と同じようにやれば良い、余計なことはしない、という風土では、早かれ遅かれ組織が立ち行かなくなるのは想像に難くない。

……なんてことを考えつつ、今日も「あれ、これは前回どうやってたっけ？」なんてマヌケなことを言っている（汗）。

2 仕事を私物化するな！

残業LOVE！

第1講で、職場における「困ったちゃん」の話をいくつか書かせていただいた。ここでは、そこまでいかなくても、ちょっと職場で気になることをいくつか記してみたい。みなさんの周りにもこんな人いませんか。

まず、やたら残業する職員。

「やたら」と表現するのには意味があって、「必要があって」と同義語ではない。どうしても残業しなければならないときは、誰しもある。平日も夜遅く、土日も出勤なんてことが続くこともある。しかし、それが組織として必要であるというならばまだしも、特定の個人だけ延々と残業しているというのは、おかしなことだ。また、一年中ずっと残業ばかりの職場というのも少し変だ。

ただ、残業好きという人は存在する。昔、「五時から男」というCMがあって、それは仕事よりも遊びに夢中なサラリーマンという意味だった。しかしここではそうでなく、五時から仕事なのだ。今では、残業すればそれだけ超過勤務手当が支給されるということはないので、お金だけが目的ではない（そうした面も否定できないが……）。

では、何で残業するのかというと、いくつかの場面を観察できる。

一つには、残業好き者同士で群れる、お互いに相手を褒め合い、傷を舐め合うということだ。「○○さんも、毎日大変ですね〜」「いや、△△さんだって」と相手を褒めることによって、結果的に自分を持ち上げてほしいのだ。こうやって自分の気持ちが良くなるから、毎日残業するという悪循環が繰り返される。すると、前に記したが、本来の組織目的を効率的に達成することよりも、構成員の満足が大事になってくる。「機能組織の共同体化」が始まる。職員の方も残業ばかりしているから、効率的に仕事をするということからどんどん離れていく。まあ、人間は誰しも自分がかわいい生き物なんです。

ちなみに、残業ばかりしている職員の資料は、往々にしてわかりにくい。これは、自分の仕事を抱えこんでしまい、他の職員ときちんと意思疎通が図れていないために、独りよがりなものになってしまっているのだ。また、無闇にいろんな資料をくっつけて、自分の仕事がいかに大変かを見せたがる。単純明快でなく、複雑怪奇なのだ。「それで、結論としてはどうしたいの？ 何が結論なの？」と聞くと答えられない。結果ではなく、ここまでやった、ということを評価してほしいのだ。自分の仕事を複雑化して、難しそうに見せて、努力賞をほしがる。

ただ、注意しなければならないのは、このような職員は既に「共同体化された組織」に居心地が良いので、残業から離れられない。本人たちが意識しているか否かは別にして、そのような仕事のやり方が自分の拠り所になってしまっている。仮に、自分の努力を否定されて、結論がないことを指摘されると、自分の存在を否定されたように感じてしまう。だから、注意が必要になる。

机の上が汚い！

また、机の上が汚い職員、これも困る。整理ができない職員は、自分の仕事についても整理ができていないことが多い。何か資料を頼むと、同じようなところを何回も探す。それだけで十分に時間のロスだ。自分がこれまで出会ってきた「仕事のできる」職員は、共通して机の上がきれいで整理されていた。また、机の中のファイルやパソコンのデータもきちんと整理されている。反対に、机の上が汚くて、仕事ができる人というのは記憶にない。

我々はもう一度、自分が与えられている仕事の意味を、考えてみる必要があるのではないか。よく言われることだが、我々の代わりなどいくらでもいる。その人にしかできない仕事など、まずないと言っていい。仮に急にその人がいなくなっても、役所の仕事はうまくまわっていく。我々は仕事を与えられて、やらせていただいているのだ。だから、お互いに仕事を私物化するのはやめましょう。

3 出世の効用

上に行きたくない症候群

最近は自治体でも民間企業でも、上の役職に行きたがらない人が多いらしい。ある自治体では、係長選考の受験者数が合格予定者数を下回ったと聞いた。また、別の役所では筆記試験等を止め、一本釣りのように昇任者を決める方式に変更するらしい。

この「上に行きたくない症候群」とでも言うべき現象の原因は、草食系と言われる現在の若者の意識の表れなのか、組織の環境に問題があるのか、いろいろ分析はできると思う。しかし、ここではそれを解き明かすことが目的ではない。

そもそも出世することの効用は何なのか。それを正面からではなく、少しナナメ（？）

から考えてみたい。

まず、出世すると執務環境が良くなる。うちの役所の場合、係長級になると肘なし椅子から肘付椅子に変わり、新たにキャビネットも一つ与えられる。課長や部長になると、椅子も机も立派になる。特に部長になると、基本的には個室となる。

専有できるスペースが広くなることは、なかなか有り難い出来事だ。つまらないことかもしれないが、一般職員のときには、傘の置き場やちょっとした自分の物を置くスペースにも難儀する。以前、ある課にいたとき、次第に職員増となり、机の数も増えていった。机と机の間の通路も狭くなっていき、歩きにくくなっていた。このため、トイレに行くことを我慢していたら、体調をおかしくした経験がある。それを考えると、執務環境が良くなるのは本当に助かる。

ただ、初めて肘付椅子になったとき、「これは、本当は老化への対応なのかも」と真剣に考えてしまったけれども……。

人の対応

次に、ポスト上昇によって、一般的には対応が良くなる。もしくは、人から丁寧に遇される。例えば、ある職場に電話をかけた場合、今ではあまりいないが、昔は態度が横柄な職員がおり、電話の対応もぞんざいだったこともあった。でも、「〇〇課長です」と言えば、まずそんなことはない。

地域の行事に参加したり、会合に招かれても、同様である。町会長さんなどは「わざわざ、課長さんにお越しいただいて……」と、こちらが恐縮するほど丁寧なこともしばしばある。前に、監査事務局の職員が「ある学校に行って、監査の内容について説明していたら、校長はヒラの自分に目も合わせない！」という話を紹介したが、まあ係長や課長などの「長」がつくポストの人間であれば、そうした対応をされることはまずない。これも役得である。

残念ながら、世間は、その人個人ではなく、肩書きに話すというのは厳然たる事実。それを自分の本当の姿などと勘違いすると、いずれ定年になったときに痛い目に遭うことになるのだろう。

自分のペース

最後に、自分のペースで仕事が進められることだ。例えば、課長であれば、課の課題を克服しなければならない。それを、どのような方法、手順、期間で解決するかは課長の判断になる（そもそも何を課題と設定するか、ということもあるが）。

こうした仕事の進め方には正解はなく、様々である。目的は課題を解決することであって、解決さえできれば方法はあまり問題ではない。これをある程度自分の裁量でできるというのは楽であり、言い過ぎかもしれないが精神衛生上も良い。

自分がヒラでいたときは、上がどんな嫌な奴（！）でも、それに従わなければならなかった（本当にいるんですよ、困った人が）。それは、本当に苦痛なのである。それがないのは、本当に有り難い。

でも、反対に部下は「うちの課長は困った人だなあ～」と言っているかもしれないけど（汗）。

4 立場が人をつくる

「職」……いろいろ

バブル期に入庁してから、早二〇年以上が経過した。振り返ってみると、様々な職場を経験してきた。ケースワーカー、議会、保育、防災、教育などなど。今さらながら、自治体の守備範囲は広いなあ、と感じる。しかし、部の単位でも考えても、まだ経験したことのない部があるのだから、役所の業務は本当に奥深い。

まだ何もわからなかった新人職員、中堅職員である主任になったとき、初めて部下を持った係長時代、そして課長と、様々な「職」も経験してきた。「立場が人をつくる」という言葉があるが、正に至言だなあ、と最近痛感する。

例えば、まだ右も左もわからない新人のときは、早く仕事を覚えようと、先輩についていった。別に出世しようとか偉くなろうという意識はなく、まだ使いものにならない自分が、少しでも他の人の足を引っ張らないよう必死だった。それから一〇年近く経ち、中堅職員と言われる主任になった。主任は、よく一般職員と係長のパイプ役なんて言われたが、あまりそのような実感がなく、気分は一般職員と同じだった。

やはり職責ということを気にし始めたのは、部下を持った係長であり、課長になってからである。例えば、課長であれば自治体の代表として挨拶したり、住民説明会などでの厳しい追及にも対応したり、部下に問題があれば叱責する必要がある。

本音で言えば、「そんな面倒なこと、やだなあ……」と思うこともしばしばあるのだが、しかし、課長の仕事だから逃げてしまっては、結果として部下や組織に迷惑となる。反対に、面倒な仕事でも乗り越えることができれば、自分の自信となり、少し成長したように感じられる（勘違い？）。

自分の本音と違っていても、言わねばならぬときもある。正に立場が人をつくり、人は演じることを覚えるのである。

演じられない人たち

しかし、与えられた役割を演じられない「長」もいる。いや、与えられた役割を認識していない、という方が正確かもしれない。

昔、ある課長が自分の親しい係長に対し、「〇〇さ～ん」と下の名前で馴れ馴れしく呼び、それ以外の係長は「〇〇係長」と呼んでいた。つまらないことだが、この一事だけでも部下の視線は厳しく、「自分が知っているからと言って、あの係長だけ『〇〇さ～ん』はないわよねえ」と女性から不評だった。

また、ある課長は自分が「ポカ休」するにもかかわらず、部下が同じことをすると厳しく指導して、職員から信頼されていないという（自分のことを棚に上げて、ねえ……）。

それ以外にも、部下から嫌われないように、係長が自分の仕事を放って「僕は、みんなの仕事を手伝うよ」と一般職員の事務を嬉々として手伝っていたり、課長が特定の職員といつも飲みに行ったり、課長が他の課長と調整をしないがために業務量を増やしてしまう、なんてこともある。

個人的な好き嫌いはおいて、係長は係長の、課長は課長の役割を演じてもらわなければ組織運営に支障が出る。

こんな話を聞いたことがある。

ある事業課の課長が予算部門に異動した。後任の課長は引き継ぎのとおり、事業を拡張するために前任の予算担当の課長に説明をした。当然、説明といっても形式的で、本人は予算を取れると思っていた。しかし、前任の課長は、事細かに事業の問題点を指摘し、その上、後任課長がまだ事業を熟知していないにもかかわらず、「○○と××について、担当はどのように考えるのか？」と詰問した。後任課長が閉口していると、「説明ができないなら、とても予算は認められない！」と追い返したらしい。

これも役割……でしょうか？

5 仕事を楽しむ工夫

ベテランと組織

長い間、役所に勤めていると、嫌でも職員はベテランになっていく。これには、良い点もあれば悪い点もある。

良い点は、新人時代とは異なり仕事でも活躍し、組織で重要なポストを占めていくことだ。もちろん、係長や課長になって重責を担うということもあるが、それだけではない。あえて係長や課長の道を選ばず、ずっと主任でいる職員もいるが、その影響力は、主任になりたての若い職員とは大きく違っている。同じ主任であっても、ベテランの主任と若い主任では給料も違うし、職責も微妙に違ったりする。年齢や経験年数が、組織運営や人事制度に少なからず影響を与えていることの証拠でもある。

少し話がずれるが、純粋な成果主義にしたら、入庁したての職員がベテラン職員の給料を超えるなんてことも当然になる。しかし、現行は基本的にはそうした制度にはなっていない（国家公務員を自治体のナンバー2に迎えるなどの例はあるが……）。俗に言う年功序列だ。

年功序列とは、経験という時間によって給料が上がり、ポストを得られるシステムと言える。良いか悪いかは別にして、このシステムによって日本社会は維持されてきた。給料やポストを時間（経験）で買っているのであって、その人の実力だけで得たものではない。

そのため、昨日まで「部長！部長！」と持ち上げられてきた人が定年になると、誰も見向きもしない、といった寂しい光景もある。「ポスト＝自分の実力」と勘違いした態度をとると、そのような事態に陥る。「その人の肩書きが外れたときに、初めてその人の価値がわかるのだ」という厳しいご意見もわからないではない。

ベテランの悪い点は、一般的に新たなチャレンジを拒み、組織の外の動きに疎くなりがちな点だ。自分の属する組織の重責についた途端に守りに入り、そこに心地良さを求め、変化を好まなくなる。若手職員のアイディアも「そんなことは今までに例がない！」の一言で握りつぶしてしまったり、新事業の立ち上げや新たな挑戦ということにも、手を出さなくなる。役人ならではの前例踏襲と減点主義の影響だ。そうなると組織は硬直化していき、新たな変化にも対応できなくなる。

仕事を楽しむ

何も個人的に気に入らない上司がいるから、こんなことを書いたわけではない（本当です！）。言いたいことは、お互いに単に自分に与えられた仕事だけを「こなす」のではなく、もっと仕事を楽しむための工夫をしましょう、もっと外に目を向けて仕事をしませんか、ということだ。

年功序列で仕事をしているならば、ポストを絶対視しないで、それぞれの立場を楽しんで、もっと仕事を深められるように、各人が工夫をしていくことが精神衛生上も良いように思う。仕事に自分なりの工夫を加えることができれば、仕事が楽しくなる。

その方法は、いろいろあると思う。事務改善を図る、担当業務のマニュアルをつくってみる、電話応対の完璧を目指す、自分の興味のある分野を極めるまで勉強する、業務に関連する資格を取得する、専門誌に論文を発表する、本を出版するなどなど。自治体の仕事は非常に幅広いから、自分の興味に応じた選択、目標設定ができる。自分の興味本位だから、人から強制されることもない。幸いにも役所は民間と異なり、入庁○年までに△×検定二級を取得しなければならない、などの義務もない。自分本位で目標を設定でき、期限もない。

最初は、小さな目標でも達成できれば、また新たな目標、さらに大きな目標と発展していける。そうすれば、そこから得られる満足も大きくなっていく。場合によっては、その道の大家になっていた、なんてこともあるかもしれない。

我々は一日八時間も仕事するのだから、同じ八時間を楽しくするのも、つまらなくするのも、自分次第。……と思うのですが、どうでしょうか。

6 いざ！ 対外試合

公務員のアフターファイブ

昔、公務員は「休まず、遅れず、働かず」などと揶揄された。「公務員は楽だ！」と世間から非難され、マスコミの格好の対象となった。自分が学生の頃、いつも夕刻にあるマスコミの宣伝が流れ、某庁舎を映し出した。「こんな豪華な庁舎が必要でしょうか！」と音声が流れ、その後に自社の宣伝が流れた。なかなか、インパクトのあるコマーシャルだった。

余談だが、個人商店を経営していた亡父は、役所の出張所の職員が五時終業直前に全員が帰り支度をしていて、ベルと同時に一斉に退庁した姿を見て「あれは、ひどい！」と言っていた。

「公務員は楽か？」という問いには、正解はないと思う。先日、あるキャリア官僚が書いた本を読んだが、残業が月一五〇時間を越えるときもあると言う。ワークライフバランスが叫ばれている時代、それが恒常的であれば異常というしかない。

しかし、多くの公務員は一年間の中でも忙しい時期もあれば、そうでない時期もあるというのが一般的だと思う。また、部署によっても違うはずだ。窓口であれば五時に帰れるだろうが、人事異動前の人事課や予算編成時期の予算課はそういうわけにはいかない。人によっても、部署によっても、「楽」と言えるし、そうでないとも言える。まあ、残業を自慢する化石みたいな人は今でも生息しているが。

少し、前置きが長くなってしまったが、ここでのテーマは公務員のアフターファイブである。

対外試合に挑む

アフターファイブはできるだけ有効に活用したいと切に思う。その理由は、公務員として長年働いていると、だんだんと民間企業の友人と話は合わなくなり、世間の動きから外れているような焦りを感じるせいかもしれない。

もちろん、親の介護に追われたり、育児でそれどころではない、という人も当然いる。また、自分の仕事がきちんとできないのに、五時になったらすぐにいなくなるのも本末転倒だ。しかし、五時以降を有効に活用している人はたくさんいる。

第一に、クラブ活動や趣味に充てる人。

役所には、学校と同様にいろいろなクラブがあり、様々に活躍している（ここでも若手が入部せず、高齢化が問題になっている！）。それこそ、全日本レベル、武道の高段者なんていう人も周囲にいる。

日頃、寡黙で目立たない職員が、毎夜、水泳に励んでいたところを、たまたま女性職員が目撃。その姿を見て一目惚れ、そして……となったケースもあったらしい。うらやましい！

第二に、資格試験や検定試験に勤しむパターン。

私が知っている限りでは、司法試験、保育士試験、情報処理技術者試験、簿記など様々である。同様に、夜間大学や大学院に通学する職員もいる。勉強のきっかけはそれぞれで、学生時代から継続していたり、業務に関連して目覚めたり（?）、単なる趣味で、と様々である。こういう人たちを見ていると、偉いなあと思う。

特に業務に関連して勉強している人は、「仕事は仕事、プライベートはプライベート」と区別せず、上手く仕事を楽しんでいるように感じる。

いずれにしても、共通して言えることは、役所だけの世界に埋没せず、それ以外の世界を各自が持っていることが、素晴らしいということ。分野はどうであれ、公務員というフィールド以外の分野で、各自が対外試合に挑んでいる。仕事以外に自分がどれだけ進めるのか、と挑戦している。きっと役所を辞めた後も、上手に自分を生かしていくんだろうな、とうらやましく感じる。

と、そんなことを思いつつ、今日も赤提灯へ……（汗）。

7 自治体職員の経済学

交渉に臨みて……

ここ数年、連戦連敗が続いている。交渉相手は強敵でいかんともしがたい。自分の恥をさらすようだが、あえて文章に……

そもそも、交渉の目的は合意である。決裂は双方が望むことではない。それは、お互いが嫌というほど理解している。決裂しても、双方にとって何も利益がない。ただ、禍根を残し、お互いが傷つくだけだ。それに、この交渉ごとが進展しないのは、お互いにとって最悪の結末なのだ。

しかし、相手は譲歩ということを知らない。する気もない。普通は双方が歩み寄って、妥協点を探るのが交渉なのだが、相手は強気である。こちらの足元を見ている。いや、こちらをなめていると言っても過言ではない。WIN–WINの関係など、ここでは望むべくもないのだ。

我々二人の間には、一枚の紙が置かれている。そこに並んだ数字は、去年よりも確実に少ない。それをいかに分配するかが、この交渉のねらいである。

「昨今の、厳しい状況を理解しているんですか?」

どこかで聞いたり話したりする言葉を、ここぞとばかりに浴びせてくる。「そ、それは……」と、言葉を飲み込む。反論できない。普段は、笑顔を絶やさない女性なのに。

「そうは言っても、部下や上司とのつきあいもあるし、こちらの事情も少しは汲んでいただければ……」とやっとの思いで口を開く。が、すかさず「知ってるんですか?最近テレビでも、サラリーマンの小遣いは減っていると言ってますよ。うちに余裕はありません!」と、言葉を遮る。恫喝、それとも威嚇か?

微妙な沈黙。既にこちらは言葉を失っている。相手は、まるでこちらの心の内を見透かしているようだ。「あなた、自分の小遣いがあるだけでも幸せと思わなきゃ、ダメですよ。世間には、もっと大変な人はいるんですから」と、急に優しい声。今度は戦法を変更して、なだめようというのか。何という交渉術！
「おっしゃるとおりで、結構です」。首をうな垂れる私。
「そう、わかってもらって良かった」と妻。
こうして、今年の夏も、ボーナス分配交渉は終わった（涙）。

飲み屋がつぶれる

そんなハードな交渉を経ても、残念ながら、以前のような給与のベースアップは望むべくもない。昔は、人事委員会の勧告に基づき四月一日に遡って給与が上がり、その差額が年末に支給されるという、今から考えれば夢のような出来事もあった。しかし、そんなことはもはや太古の昔の話である。

ところで、この地方公務員の給与について、考えさせられることがある。ここでは、国家公務員や民間企業との比較とか、仕事の割に給与が高いとか、そうしたマスコミで報道されるような内容ではなくて、純粋に地方公務員の給与が地域経済に与える影響についてである。

東京の場合はあまり直接的な影響はないかもしれないが、地方の場合、地方公務員の給与が地域経済の一つの指標になっており、それが下がると地域経済全般が地盤沈下していくというものだ。

ある講演会で聞いた話だが、とある自治体で給与が下がった影響で、いわゆる忘年会などの飲み会が軒並み中止になった。その影響で、飲食店の売り上げが減り、飲み屋がつぶれていったらしい。「だから、安易に地方公務員の給与を引き下げてはいけないんです」と講演者（国家公務員です）は言っていたが、なるほどそういう考えもあるのか、と妙に納得してしまった。

確かに、以前、いわゆる食糧費問題がマスコミで取り上げられ、我が役所でも原則禁止になった。その後、庁舎近くの鰻屋はその影響で閉店してしまったのである。だからと言って、安易に給与を下げるべきでないとは思わないが、あの鰻はおいしかったなあ、と給与改定の度に思い出す（涙）。

8 防災のココロ

防災は生活の一部

人事異動でいくつもの職場を経験するが、異動前と異動後で大きく印象が変わるときがある。自分にとっては、防災課がそんな職場だ。

異動前は、職員防災訓練や区の総合防災訓練に狩り出されると、防災服を着なくてはならならい。それゆえ、心の中では「面倒だなあ〜」などと思いながら、じっと終わるのを待っているのが常だった。パターン化した訓練、いつも同じような啓発用リーフレット、夏の暑い中での作業などなど。公務員であるが故に課せられた、一つのノルマのように思っていた。

しかし、防災課に異動して認識は一変した。

阪神・淡路大震災の状況を知るにつれ、恐ろしくなっていった。防災課には、あの平成七年一月一七日の夜のニュース番組の録画ビデオが残されていて、その映像を見ると言葉を失う。いったい何人になるかわからない死者の数、道路や鉄道などの甚大な被害、燃え上がる炎、そしてそれを伝えるアナウンサーの震えるような声。毎日のニュース番組なのに、その緊張感から締め付けられるような気持ちになった。このビデオを見た日はさすがになかなか眠ることができなかった。

その後、阪神・淡路大震災のドキュメンタリーを見たり、一般の人の手記を読んだりした。どれも、本当の体験がそこにあった。発災直後に家がつぶれ、その中から助けを呼ぶ声が聞こえてきたにもかかわらず、火災から身を守るためにその家をのり越えて避難していった人々。避難所にやっと届いた衣服を奪い合う大人たちの姿。学校の廊下にまで横たわる多くの避難者。「もう水がないんや……」と言って、燃えさかる家の前で立ち尽くす消防。防災は、お勉強でもなく、年中行事でもない。まさに生活の一部だと痛感するに至った。

東日本大震災――多くの問題が露呈

平成二三年、東日本大震災が起こった。庁舎で、研修の発表を聞いているときの発災だった。三月一一日はいろいろなことを行政に教えてくれた。区職員として二〇年ほど勤務しているが、これほど現実的で実践的な防災教育はないとも言える。

まずは、職場。

いくつかの書棚が倒れ、本や書類が飛び出した。足の踏み場もないような状況だったが、幸いガラスなどが散乱することなく、月曜日にはすっかり元のとおりとなった。東京でもある個人宅ではガラスが飛び散り、しばらくは靴を履いた生活が続いたという人もいた。減災を目指して、職場環境についても一考する余地はある。

次に、職員の安全と職務。

交通機関が麻痺する中で、職員を安全に帰宅させることと非常配備態勢の業務、さらに通常業務をいかにこなすか、ということが課長として問われた。いわゆるＢＣＰ（事業継続計画）である。今回は短期間で済んだので、一部の職員の負担で済んだが、長期化すれば職員のストレスも加味しながら、どのように職場運営をしていくのか。そんな宿題が課せられた。

また、今回の避難所運営は、大きな教訓を残してくれた。

学校・区・地域がいかに連携し、避難所運営を行っていくのか、たくさんの課題を突きつけた。ある避難所では、学校は教育委員会からの指示を聞き、区職員は災害対策本部からの連絡を聞いていたため、情報の共有化が図れず混乱が起きた。効率的な避難所運営のために、それぞれが何をすれば良いのか、を十分認識できていなかった証拠でもある。

さらに、各職員のストレス。

刻々と変化する情報への対応、いつ終わるかわからない職場待機など、職員への負荷は少なくない。「大丈夫です、問題ありません！」と言っている職員の感情がたかぶっており、正常な判断力をなくしている様子も見た。ガンバリ過ぎも危険だ。

ほんの数日の出来事だが、本当に多くの問題が露呈した。これを活かさなくては、行政に携わる者として、被災した人たちに申し訳ない。

9 残業に関する一考察

残業あれこれ

残業は、我々職員にとっては欠かすことのできない必須アイテム（？）となっている。この残業について、今さらながらではあるが、一考察を加えてみたい。当然のことではあるが、残業と言っても、その形態は様々であるが、いくつかのケースに区分してみたい。

ケース1：季節や時期によって、どうしても避けられない組織の場合

課税時期、保育園の入園受付、予算編成など、どうしてもその時期には、残業せざるを得ない職場がある。

こうした場合には、繁忙期と繁閑期が明確なので、その所属の職員も割り切っているこ
とが多い。職員によっては「忙しい時期がわかっていた方が、いろいろと予定も立てやす
い」ということで、そうした職場を希望している者もいる。繁閑期は、かえって有給休暇
も取得しやすく、職員が順番で休んでいたりもする。なので、職員の不満もないように見
える。

ケース２：何かの都合で、急に残業が増える場合

これは、まさに運としか言いようがないのだが、前年度には予想もしていなかったのに、急な事情でその部署の仕事が増えるような場合だ。例えば、以前の定額給付金のように新たな制度ができたとか、急に国会が解散して選挙になるとか、住民との間で大きなトラブルとなり、連日住民対応が続くといったようなケースである。

こうした事例は事前に想定することが困難なので、職員にとっては運としか言いようがない。しかし、ここで「こんなはずじゃなかった」と自分に振られる仕事から逃げてばかりいると、評判はガタ落ちとなり、周囲から総スカンを食う。反対に、逃げずに踏ん張ると、周囲の評価も上がると同時に、「困難なときほど、職員が団結する」との格言のとおり、

良い経験が得られる（すいません、そんな格言はありません）。

帰るに帰れない……

しかし、このケース1・2は、ある意味ではわかりやすい事例である。問題は、それ以外の職場だったりする。

ケース3：これといった残業があるわけではないのだが、出先を抱えるなどで、小さな問題が日々発生しているような職場の場合

別に、これといった残業があるわけではないのだが、出先で住民と行き違いがあってもめている、児童が学校でけがをしてその保護者対応の結果を待っているなどなど、帰るに帰れない事案が日々あるような職場である。決して、帰れないわけではないのだが、こうした案件を放って帰るのも、何かみんなに悪い気がする……、そんな職場は案外多い気がする。

ケース4：残業が慢性化していると言われる職場の場合

みなさんの役所にも、おそらくこうした職場があると思うのだが、「〇〇課は、一年いつでも職員が残業している」「△△課は、連日九時過ぎまで電気が消えない」などの職場が存在する（ようだ）。

こうした職場は、案外、属人的な問題であることも多い。つまり、確かに職場としては忙しいのだろうが、その職員の特性で慢性的に残業をして仕事をしているようなことが結構ある。つまり、残業を前提にした仕事の進め方なのだ。

また、困ったことに課長本人が残業好きで、直接言葉にはしないものの、残業することを良しとするような空気が職場にあったりする。こうした雰囲気では、若い職員は、「お先に失礼します」とはなかなか言いにくい。

本当に年中残業が必要な職場であれば、当然人員措置もされるわけだから、慢性的な残業職場など、本当は存在しないと思うのだが……。

10 それでも役所は素晴らしい！

役所にある感動

さて、いよいよ最終話。小文におつきあいいただいた、読者諸兄には心から感謝申し上げる。本書のねらいは役所内のちょっとした出来事を取り上げて、それをみなさんの酒の肴にしてもらうことなので、何も役所のあるべき論を述べようなどと、大それた目的ではない。多少、愚痴やこれまでの恨み（?）を晴らすような文章もあったが、それはご愛嬌ということでお許しいただきたい。あくまで、小文がみなさんの話題に少しでも供することができれば、本書の趣旨は達成できたと思う。

さて、最終話にあたり、それでも役所は素晴らしいということをいくつか拾ってみたい。

これまで、いろいろ愚痴や不平を述べてきたが、個人的には、役所は素晴らしい場所だと思っている。昔は、出勤するのがツライなんて時期があったが、今では毎日仕事をするのが楽しい。それは、役所にたくさんの感動があるからだ。

まず、多くの人との出会いがある。

例えば、役所の中でも多くの人がいる。自分と一緒に仕事をする、または仕事でかかわりがある、なんてほんの一握りの人間であることを考えると、出会いはやはりご縁かなあ、と思ってしまう。そのふとした縁が、場合によっては一生のおつきあいになっていくことがある。男女なら結婚なんてこともあるだろうし、仕事を越えて本音が言える良き上司と部下、同輩なんてことがある。これは本当に宝だ。

自分にも尊敬できる先輩がいて、親しくつきあいをさせていただいている。年に何回かは飲みに行くのだが、単に昔話でなく、いろいろと話ができることが有り難い。何かの小説だったと思うが、サラリーマン社会でこれはと思える人に出会った喜びは何事にも代えがたい、みたいな一文があった。

確かに長い人生の中で、こうした琴線に触れる人間関係を構築できることは、本当にうれしい。

住民とのおつきあい

また、我々区役所だと住民と非常に近しい関係にあるので、そうした人々との出会いもときとして忘れられないものになる。自分のことで恐縮だが、福祉事務所では、民生委員など多くの人が地道に地域を支えていることを教えられた。非常に強い反対運動にあった保育園の民営化でも、最終的に「うちの保育園のことをよくやってくれた」とやさしい言葉をいただくと、やはり温かい気持ちになる。こんな感動があると、また頑張ろうという気持ちになる。

一方で、いわゆるクレーマーという人も確かに存在する。クレーマーとまでいかなくても、不満や苦情を述べる人も少なくない。住民と自治体のどちらが正しいかは、もちろんケースバイケースだろうが、現在、このストレスに精神的に耐えうる力は、職員にとって必須アイテムとなっている。

少し話はそれるが、最近、ストレス耐性一級、ストレス耐性初段などの検定試験を誰かつくってくれないかなあ、と真剣に考えている。ストレスに耐える方法がシステム化されたら、結構みんな真面目に習得するのではなかろうか。

役所の仕事が、自分を成長させてくれたと思っている。一社会人として必要なマナーはもちろんのこと、技術的な住民への説明力だったり、交渉力だったり、また部下への指導方法ということも課長になって本格的に考えるようになった。また、自分の短気で怒りっぽい性格にも対峙せざるを得ないこともあった。人間的にも体型的にも、一回り大きくなった気がする。よく「立場は人をつくる」というが、いろいろな職場、立場にあったからこそ、それだけいろいろな経験をさせていただき、自分を見つめ直すこととなった。

役所は住民からも、マスコミからも格好の批判の的になる。それでも言おう。役所は素晴らしい、と。

■著者略歴

山本　雄司（やまもと・ゆうじ）ペンネーム

東京都特別区に勤務する管理職。大学卒業後入庁し、福祉事務所、企画課、保育課、防災課等を歴任する。著書に『1日10分論文の書き方』（都政新報社、平成21年）、『自治体職員　仕事の作法』（公人の友、平成23年）がある。平成24年4月から、月刊「ガバナンス」（ぎょうせい）にて、「教えて先輩！ ホンネの仕事術」を連載中！

公務員のシゴトが楽しくなる48の話

平成25年6月1日　第1刷発行
平成26年1月20日　第4刷発行

著　者　山本雄司
発　行　株式会社ぎょうせい

本社　東京都中央区銀座7－4－12（〒104-0061）
本部　東京都江東区新木場1－18－11（〒136-8575）
電話　編集　03-6892-6508
　　　営業　03-6892-6666
フリーコール　0120-953-431

URL：http://gyosei.jp

〈検印省略〉

印刷　ぎょうせいデジタル㈱

ISBN978-4-324-09692-5
(5107972-00-000)
［略号：公務員シゴト］